朝日新書
Asahi Shinsho 752

決定版・受験は母親が９割

佐藤ママ流の新入試対策

佐藤亮子

朝日新聞出版

はじめに

このたび、２０１５年に出版しました『受験は母親が９割』（以下「母親が９割」）を新書にまとめました。「母親が９割」は、長男、次男、三男の受験の、母としてのサポートを書いたものです。この後、娘も無事に大学に合格しましたので、この新書には娘の合格までの話も入れて、４人の子どもの話としてまとめました。上の３人の息子たちのサポートと娘のサポートは、同じ大学を目指すのだから同じ方法で大丈夫と思っていたら、さにあらず。世の中そんなにうまくはいかないことを実感しました。娘にはかなりやり方を変えざるを得ず、結局それぞれの子どもに応じて子育てはするべきなのだとあらためて感じた次第です。

２０１９年は、大学の入試制度が大きく変わると大騒ぎでしたが、結局、２０２１年１月から始まる「大学入学共通テスト」の柱となる英語の民間試験活用、国語と数学の記述式問題導入はいずれも見送られました。未来を生きる子どものことを第一に考えるべきなのに、大人の都合で作った型に子どもをはめ込もうとした結果です。しかし、今後問題文が長くなり、かなりの量の文章を読むテストになる傾向は進むと思います。そうなるとやはり日本語の強化が課題になります。そのための準備はと考えると、「読解力」を日頃からきちんと身につけるということはより意識しなければならないでしょう。

これほどまでにＡＩ（人工知能）が進歩し、今後もこれからの人間の生活に大きな影響を及ぼすことがはっきりと予想できるのなら、これまでの人間のあり方を変えざるを得ないことも出てくるでしょう。大きな過渡期ともいえるこの時代、我々の判断次第で未来が変わるといえるかもしれません。ますます進むテクノロジーといまだに大きな存在である自然との平和的な融合を模索するためには、我々人間は今こそより人間らしく生きていかなければならないのではないかと思います。

未来を作りそこで生きていくのは子どもたちです。だから、子育てをする親、世の中の大人は心して子どもを導いて育て上げなければなりません。これからの時代は、今まで以上に全てが多様になってきます。今までは比較的少ない価値観をみんなで守りながら生きてきましたが、これからはここにもとてつもない多様性が生まれるのではないでしょうか。人間はひとつの価値観に縛られると間違いを犯しがちだということは、今までの歴史を見れば誰にでもわかることです。多様性を受け入れる社会、そして人間をつくることは、子育てにおいて重要視されるべきでしょうね。

実は子育てというものは、30年以上先を生きて活躍する人間をつくっていくことなのに、親は意外と数十年前の考えにとらわれている場合が多いです。それは、育てる親の持つ考えが、そのまた親、つまり子どもにとっての祖父母の考え方に影響を受けているからです。極端な場合を除いて、多くの人間は自分の子ども時代の育てられ方を客観的に評価したり、特に否定したりすることができません。そのため親は内省をしながら子どもに向き合うことがなかなかできず、結局、自分の価値観を押し付けるということになるのです。今までは、それで何とかなる面も多かったのですが、これほどまでに子どもを取り巻く環境が激変すると、大人はここでいったん立ち止まっていま一度、「人間とは何か」「人生とは」と考えなければならなくなってきています。

では、子育てをどのように進めるのかということですが、私は人間に大切なものは昔から変わらないと思いながら子育てをしてきました。おぎゃーと生まれて18歳までに大切なものは、体と心を成長させること。そのために必要なことはやはり基礎学力と運動という一番シンプルなものに行き着きます。子育てって、毎日を無事に生きていくことだけでもあまりにも大変なので、その他のことはかなり単純化しないとできないのです。いろいろお稽古などもさせたいでしょうけど、基礎学力がおろそかになるのは本末転倒です。とにかく、12歳までの基礎的な学力をしっかり身につけて、その上に中学、高校レベルのものを積み上げさせていくしかありません。その後は、子どもに生きていく方法を自ら見つけさせて頑張って生きていってもらうといったところでしょうか。

私たち大人がするべきことは、子どもの体の中に、良質な活字、様々な経験と体験をたくさん入れることだと思います。

そして、もう一つ必ず手渡さなければならないものがあります。

それは、「平和」です。

日本だけでなく、世界中の子どもたちが平和に暮らせるように私たち大人がまず努力し、子どもたちを「世界の平和」に貢献できる大人に育て上げることが我々の義務だと思います。

これからの時代、大人も生きていくべき方向に迷いますが、未来を引き継いでくれる子どもたちの子育てを頑張って楽しんでみませんか？

この本はよりいっそう手に取りやすいサイズになりましたので、ぜひ子育てのご参考にしていただけたらなによりです。

佐藤家のプロフィル

父

大分県出身。東京大学卒業。司法試験に合格後、修習先に選んだ奈良市で弁護士として働く。

母（佐藤ママ）

大分県出身。津田塾大学卒業。大分県内の私立高校で英語教師として２年間、教壇に立ったのちに結婚。専業主婦。浜学園アドバイザー。

長男

冷静で堅実。灘ではサッカー部に入り、高校３年の夏まで続けた。現役時代は後期で東大理一に合格。翌年、次男と一緒に東大理三に合格。大学でもサッカーを続けた。暗記が得意な秀才タイプ。理数系に強い。現在は、整形外科医として働いている。

次男

長男と年子。明るく話し好き。灘では文化祭などで活躍。父の後を継いで弁護士にと期待されたが、東大理三に現役合格。大学では医学部の野球部に入り、監督兼選手を務めた。理数系が得意で、社会が苦手。現在は、内科医として働いている。

三男

次男の二つ下。マイペースで頑固。灘中受験はプレッシャーと闘ったが、大学受験では兄たちの存在が自信となり、東大理三に現役合格。じっくり考察することが得意。英語も得意。現在、医学生。

長女

三男の四つ下。末っ子らしくのんびりとしている。兄たちと同じバイオリン、スイミングに加えてピアノを習い、熱中した。理数系教科と英語が得意。東大理三に現役合格。現在、医学生。

決定版・受験は母親が９割

佐藤ママ流の新入試対策

目次

第5章　中学・高校時代の過ごし方
～大学受験まで上手にギアを上げる方法　161

第6章　東大の目指し方〜王道以外にも道はある！

第7章　女の子の受験のポイント
～末っ子長女と母の二人三脚でわかったこと

第1章　入試制度改革も大学入学共通テストも怖くない

〜佐藤ママ流の処方箋

入試は変わるもの　でも必要な学力は変わらない

今、高校生以下の子どもを持つ親御さんは、将来の大学入試がどうなるのか、たいへん不安に感じていると思います。確かに現在、大学入試改革が着々と進められており、また、ＩＴ技術の進歩で、今後世の中も大きく変化していくため、これからの大学受験のあり方が変わっていくことは確実です。

２０１９年には、大学入学共通テスト（共通テスト）をめぐって騒動がありました。21年1月から、英語の民間試験の活用、国語と数学の記述式問題の導入を二本柱とした、従来の大学入試センター試験（センター試験）に取って代わる共通テストが始まる予定でしたが、実施まであと約1年という時期に、これらの柱は相次いで延期・見送りが表明されました。高校2年生の中には、英語民間試験の勉強を始めていた生徒も少なくないようです。入試制度改革に振り回されて、かわいそうでした。

私は以前から、主観が入りこむ余地がある記述式問題は、公平な採点ができないのではないかと危惧していました。塾で英語を教えている娘から話を聞くと、英文和訳では生徒の解答の日本語の使い方について、詳細に話し合いが行われるそうです。塾のテストでさえ、記述式の採点はこのように大変なのですから、短期間に約50万人分もの採点をするのは、非常に難しいですよね。

また、受験生も自己採点の際、マークシートの時と異なり、記述式問題ではどのくらい得点できたか自分では判断しづらいと思います。延期や中止の要望が多かったのも、大人が作った制度に無理やり受験生を合わせようとして、受験生の立場に立っていない制度改革だったからです。今後よく検討して、受験生が前向きになれる公平な制度にするべきだと思います。

高校生までの子どもを持つ親御さんたちは、共通テストに不安を感じているようで、講演会では、よく質問されます。何をどうしたらいいのかわからないという入試制度改革に対する不安のほか、「国語の記述式問題が苦手なので不安」というような声も多いですね。今回のような混乱が起きると、先がますます見えづらくなるので漠然とした不安が大きくなってきているようです。

しかし、そもそも教育は時代とともに変化するものだし、変化させるべきものでしょう。技術革新が進み、私たちの生活を大きく変え、それによって周りの環境が激変することもあるわけですから、そこで生きていく子どもたちを育てる教育が変わるのは当然のことです。

例えば、知識偏重型の教育を是正するために、2002年度からゆとり教育が始まりましたが、学力低下を指摘されたため学習指導要領が見直され、11年度以降に学ぶ内容が増えました。入試制度を見ても、1949年から78年の間は、当時の文部省によって、国立大学は一期校と二期校に分けられていました。その頃は、全国の受験生が同じ内容の試験を一斉に受けるという制度はありませんでした。翌79年から89年の間は共通1次試験という名の全国統一試験が実施され、90年からは大学入試センター試験に移行しました。

このように、教育や入試制度が時代とともに変わっていくのは当たり前ですので、ずっと同じ制度で入試が行われることはまずありえません。

しかし、入試制度が変わるからといって焦ることも、恐れる必要もありません。なぜなら、いつの時代でもどのような制度の下でも大切なのは基礎学力だからです。制度がどんなに変わってもそこは何も変わることはありません。全ての学年の勉強は基礎学力の上に積み上げていくものですから、基礎学力が盤石でなければその後の応用や発展の問題は解くことができないということになります。

ですから、今やるべきことは、まずは基礎学力を固めることなのです。基礎学力を身につけ自分のものにすることに近道はありませんが、正しいやり方で少しずつ取り組めば、どんな子どもでもきちんと学べ、点数に結びつけることができます。

ただし、幼少時は何も知らない子どもですから親のサポートは不可欠です。その具体的な方法については、2章以降で詳しくお話ししていきます。

これからは読解力も大事です

今後、AIの進歩と活用がますます進んでいくことは間違いありません。人間はAIの存在を否定せずにその能力を正確に把握・理解し、これからの人間とAIの平和的共存を考えなくてはなりません。

AIは、膨大な情報からピンポイントでデータを取り出すという作業を、人間とは比べ物にならないほど正確かつ迅速に行えます。これはＡＩの最も得意とするところでしょう。そのような仕事はＡＩに取って代わられるかもしれません。でも、よく考えると、そのＡＩに入れる大量の情報は人間が選別をし、操作するのです。だからこそ、どのような情報をＡＩに入れるのか、また、取り出された情報をどのように利用するのか、ＡＩの持っている情報の先のことを考えるのは非常に重要なこととなります。このようなことは人間にしかできませんから、これからますます進化するＡＩと並び立ちながら、未来を想像し、今までになかったものを創り上げていく能力が人間にはより必要となるのではないでしょうか。

ＡＩが当然のように社会のあちらこちらに存在するようになると、人間は日常的に「人生とは何か」「仕事とは何か」「生きるとは何か」「自分はいったい何者か」といった哲学的なことを考えざるを得なくなってくるのではないかと思います。基本的なことはＡＩがやってしまうので、人間はより人間らしい「心」を育てることが大切になりますね。その心を育てるためには、「ことば」が今以上に重要となってきます。人間という存在は、哲学者のひとことを胸に１００年生きていける生き物なのですから。「今、何が問題なのか」「自分は何をすべきなのか」を自分の頭で考え、自分なりの答えを導き、自分の意見をはっきりと言える力をつけることがますます必要になってきます。そうした力を養うため、体の中にたっぷりと言葉をためていく必要があり、そのためには、たくさんの活字が載っている本、新聞、雑誌などを正確に読み取る「読解力」が必要となってきます。

共通テストの「試行調査」を見ると、今までのセンター試験で必要とされた基礎学力に、かなりの読解力がプラスして求められています。

２０２１年１月から実施される共通テストでは、英語の民間試験の活用が延期となり、国語と数学の記述式問題の導入は見送られましたが、全科目で「社会や日常生活の出来事を題材にした問題」と「多数の資料を読み解いて解答する問題」が増加すると思われます。つまり、「思考力」「表現力」「判断力」などを問う問題です。そのような問題を解くためには、問題文を正確に速く読み解く「読解力」が必要不可欠になります。マークシート式か記述式かは学力の評価方法の違いであって、「読解力」が大事だということは変わりません。

ところが、日本の子どもの読解力について、２０１９年12月3日に、ショックなニュースが発表されました。ＯＥＣＤ（経済協力開発機構）が18年に79カ国・地域の約60万人の15歳（日本は高校1年生）を対象に実施した「ＰＩＳＡ《ピザ》（学習到達度調査）」の結果で、日本の「読解力」は前回、3年前の8位から15位へと急落しました。「科学的応用力」も2位から5位へと順位を落としましたが、「読解力」の15位は、調査方法に多少の疑問点があるとしても衝撃です。

また文部科学省によれば、本や新聞を読む生徒は、「読解力」の点数が平均よりも高かったということです。これは、想像に難くありません。ＰＩＳＡの問題文の長さは相当なもので、日頃文章を読み慣れていないと太刀打ちできないということです。

読解力は、厄介なことに一朝一夕には身につきません。高校生になったからといって、大学受験に備えて急に読解力をつけようと思っても難しいですね。やはり、子どもが幼い時から、家庭で様々な活字に親しむ習慣が大切なのです。

今後、入試改革は行われるでしょうし、あらゆる科目の問題で文章が長くなる傾向が予想されています。読解力がなければ文章を読むのが遅くなり、テストでも時間が足りなくなりますね。ですから、今後の入試は「読解力の勝負」だといっても過言ではありません。

読解力とは何か？　それは、「3Dでイメージする力」です

それでは読解力とは、いったいどのようなものでしょうか。わかりやすく考えると、私は、〝2D〟の文章を頭の中で〝3D〟に立ち上げて、体感するかのように想像する力ではないかと思っています。国語の点数がなかなか取れない子どもは、活字に慣れていないのが原因で、読んでいる時は字面だけ追ってしまっていて内容が頭の中に入っていません。それで読み終わると、感想どころか話のあらすじすら説明できないことになるのです。

例えば、「太郎君は花子さんに頭をたたかれた」という受け身の文章を読んだとき、どちらが頭を痛がっているのかすぐにはわからない子どもも多いようです。同様に、交通事故の記事の中の「右折」「直進」という言葉や、歴史の戦いでの「東から攻めてきた」「南に逃げた」という文章を読んだ時に、車や軍隊の動きのイメージが湧か

ない子どももいるようです。このような時、頭の中で方向を示す矢印が浮かばないと、理解したことにはなりません。

つまり、文章に書かれている言葉を立体的に理解するということが、頭の中で3Dに立ち上げるということです。文章を読む時には、常に2Dの文章を3Dに立ち上げる「癖」をつけるようにしたらいいですね。文章を頭の中でいかに映像化できるかが、読解力の強化につながり、これからの入試の要となります。

1日15分の新聞記事がオススメ

子どもに読解力をつけさせたいと思った時、多くの親は、まず「本を読ませなければ！」と考えます。

本が好きな子どもなら、親が何も言わなくても自分からどんどん本を読みますが、そうでない子どもは、親から「本を読みなさい」と言われてもなかなか本を読もうとしません。幼い時から活字に親しんでいない子どもにとって、たくさんの活字を読み、内容を理解して、さらにそれを楽しむというのはかなり高度なワザです。それで読書はかなりハードルが高くなり、読むのがいやだ、ということになります。
また、最近の子どもは塾通いや習い事をしている場合も多いので、忙しくて、本を読む時間を確保しにくいということもあります。1冊の本を読み終えるにはかなりの時間がかかるので、結末まで行き着かずに挫折してしまうこともあり、そのためより読書から遠ざかることになります。

そこで、本が苦手なお子さんや、塾の勉強などが忙しいお子さんはもちろんのこと、すべてのお子さんに小3ぐらいからオススメしたいのが、新聞記事を毎日15分読むことです。新聞は、毎日新しいものが届きますので、その中から自分が面白いと思った記事を一つか二つ読むと、約15分です。まずは何となく読んで活字に慣れることが大切です。本はひとつのテーマで書かれているので長い時間をかけて最後まで読み終わらないと要旨がつかめませんが、新聞の記事はどれでも15分ほどで読み終えることができますので気軽にスタートできます。新聞というのは忙しくても、スキマ時間で読むことができるので、実に便利なアイテムなのです。それに、15分を4日間続けたら、実は1時間も活字を読んだことになります。本を1時間続けて読むのはなかなかできないですよね。

まだあまり文字を読めないお子さんの場合は、興味を持ちそうな記事を親がまず読んでみて、内容をわかりやすく話してあげるといいでしょう。子どもにとって、「耳学問」ということになりますね。


英文を毎日読んでいると、次第に読むのが速くなるのと同じで、新聞を毎日読んでいると、活字に慣れてきて文章を読むのが少しずつ速くなります。

新聞は毎朝、家に届き、政治、経済、社会、スポーツ、文化、生活、社説、読者の投稿など様々な記事が載っています。身近なことが書かれているため、読みやすく、リアルな内容ですから、2Dの文章が頭の中で3Dの映像に立ち上がりやすいと思います。まずは、お子さんが興味を持つ記事から一緒に読んでみましょう。新聞は1面から順番に読むものだと思っている方もいるかもしれませんが、親も子どもも興味がある記事から読めばいいのです。

私は料理が好きなので、いつも料理のページから読んでいます。新聞の真ん中付近に毎日ひとつの料理のレシピが載っていますので、読んで気に入ったら親子で料理を作ってみてはいかがでしょうか。記事のレシピは活字なのでぺったんこの2Dですが、レシピ通りに作ると、立体的な3Dのおいしい料理として目の前に現れます。普通に書かれている活字が立体的な料理になるという経験は子どもにとってなかなかすばらしいものです。何といっても、活字を読んだ結果としておいしいものが食べられるのですから。それに、大さじ1杯は15ccということも、野菜を3cmに切るときの長さや計量カップに200ccを入れるときの量の感覚なども、やはりやってみないとわからないものです。おいしくできたら子どもは、自ら記事を探してきて「これを作ろうよ」ということになります。それこそが、「読解力」の始まりなのです。

また、多くの子どもたちに人気のスポーツ欄は、四字熟語の宝庫です。子どもたちは、学校や塾で四字熟語を習っても、「こんな言葉、実際に使うのかなぁ」と思っています。日常生活ではあまり使う機会がありませんからね。でも、スポーツ欄には「臥薪嘗胆」「先制攻撃」「我田引水」など四字熟語が頻繁に出てきます。私は、それらを見つけては、赤マジックで○をつけて、子どもたちに見せました。「習った四字熟語が本当に使われてる！」と、子どもたちは喜んでいました。

このように新聞の活用は、読解力をつける現実的で便利な方法としてオススメです。新聞を入り口にして、深い内容の本へと活字の世界を広げていくと楽しいですよ。そして、あらゆる時代の各国の様々なジャンルの本を読んで、たくさんの疑似体験をしながら、多様な価値観を身につけ、厚みのある思考力を備えた子どもに育ってほしいと思います。

英語対策にも新聞は有効

英語が苦手な生徒は、国語も苦手だということが少なくありません。国語の長文を読むのが遅く、読んでも内容がうまくつかめないようなら、英文読解問題や和訳、英作文などが出題される英語が得意だということはまずないでしょう。こうした場合、母国語である国語の読解力をつけることが先決です。新聞を毎日読んで活字に慣れ、その後、興味がある本も読んで、国語の読解力を身につけることが、英語力の向上につながります。

また、新聞を毎日読んで、世の中の動きなどの時事問題を知る習慣は、英語の試験にも役立ちます。というのも、最近は環境問題、人種問題、国際問題など時事問題を扱う文章がよく出題されているからです。英文読解では、扱われているテーマについての知識があるかどうかによって、理解度に差が出てきます。当然、前もって知識があった方が有利なのは間違いありません。そういう意味でも、毎日ニュースを扱っている新聞は、最適の教材だといえます。

「知識があると、英語の長文読解問題が解きやすい」ということは、実際に長女が経験しています。東大模試の英語の長文に、1840年から2年間にわたり清朝とイギリスの間で行われた「アヘン戦争」が出題されたことがあるのです。長女はセンター試験の地歴公民の選択を世界史にしていたため、アヘン戦争のことは割と詳しく知っていました。それでその問題の長い英文を読まなくても全ての質問に答えられたそうです。これは、かなりラッキーなケースですが、文章の中のほんのいくつかの事柄を知っているだけでもはるかに理解しやすくなります。逆に問題文の中で初めて知った場合は内容把握にかなり時間がかかることになりますね。

共通テストでは、全科目で「社会や日常生活の出来事を題材にした問題」が増加すると思われます。英語についても、ますます時事問題を扱う可能性が高くなります。高校生はもちろん、小中学生も新聞を読んで、世の中のニュースに関心を持つことは大事です。

ネットでは論理的な思考力は養えない

読解力をつけるには新聞記事がオススメというと、「スマホでニュースを読めばいいのでは？」と思う人もいるかもしれません。しかし、スマホではニュースをじっくり読んで、深く考えることができないように思います。気になるニュースだけをスクロールしながら何となく「わかった」で終わってしまうのです。

また、親子で新聞の記事について話し合うと、自分の考えをまとめる訓練にもなります。賞味期限が切れた恵方巻きやおにぎり、クリスマスケーキなどが捨てられるフードロスやごみの問題は、共通テストの試行調査にも出ました。共通テストでは、身近な出来事や社会問題について考えさせる問題が出題されると思われますので、新聞を読んでそれらの問題について知り、自分の考えをまとめてみるのは有効な対策です。

また、読者の投書の欄は、自分の考えをまとめるためのいい教材になります。ある時、50代の男性が「夏の高校野球の応援をする時に、炎天下では熱中症になる可能性が高いため、甲子園をドームにしてほしい」という意見を投稿していました。

地球温暖化によって昔よりも暑い夏になり、近年は熱中症で病院に搬送される人たちのことがニュースになっていますから、私はその意見に賛成です。球児や観客の健康のことをまず第一に考えるべきだと思っています。一方、11歳の子どもは「野球は、青空のもとで」という理由で、80代の男性は「選手も応援団も炎天下で一体になるつながりこそが甲子園」という意味で、ドーム化に反対の投稿をしていました。80代の方は、自分の青春時代の思い出と重ねてそう思われたようです。日本人は甲子園の高校野球に深い思い入れがあるのだとあらためて思いました。

このように、ひとつの事柄に対して、様々な意見があるので、多面的に考えて自分の意見を言えることが大事だと思います。それには、「正解」はなくていいのです。自分の考えと理由を相手にわかるように説明できるという能力は、これからの時代にますます重要視されるでしょう。

狭い範囲で生きている子どもが経験できることは限られています。活字を読むことによって、子どもにできるだけたくさんの「経験」をさせることが重要です。新聞を読めば間接的に、様々な出来事に触れ、年齢や立場の異なる人の考え方を知ることができます。これは、ネットではなかなかできないこと。スマホでは特に、自分の興味あるニュースや話題しか読みませんよね。自分の興味のあるジャンルを飛び越えて、多様な価値観に触れることによって、論理的な思考力も身につけていくのです。

佐藤ママの子育てコラム①

二極化していく親〜スマホ育児はやめよう

現代はスマホの時代です。子育て中のお母さん、お父さんたちも、日常的にスマホを利用しています。育児に役立つ情報収集はいいことだと思いますが、子どもの前で常に見ていると、それが家の環境になってしまいます。

毎日親が新聞を広げて読んでいれば、子どもも「なになに?」とのぞきこみ、そこで親子の会話になり、活字の文化が日常になります。親がいつもスマホしか見ていないと子どもは活字は読まないでしょう。スマホを見るだけの親と新聞を読む親の二つに分かれ、今後ますます家庭環境が二極化していくように思われます。講演会でも、「子どもがスマホゲームにはまって勉強しないので、困っている」というお悩みの相談をよく受けますが、まずは親が家の中に活字の文化を作るべきでしょう。

最近の若い親御さんの中には、幼い子どもにスマホで動画を見させ、自分もゲームやSNSに夢中になっている人が増えているようです。電車に乗ると、小さな子どもに動画を見せておとなしくさせ、お母さんもじっとスマホを見ているという親子もよく目にするようになりました。

私が子育てをしている時代には、「テレビ育児」が問題になっていました。親が子どもの目を見て話したり、絵本を読み聞かせたりしないで、ずっとテレビに子守をさせるのです。当時そのような子どもは言葉の発達が遅いということが問題視されていましたね。現在、「スマホ育児」をしているお母さん、お父さんは少なくないので、後々大きな問題になるのは間違いありません。小学生や中学生で始めたスマホですらやめられなくなっているのに、それより小さな子どもには危険すぎます。歯止めがきかず、将来、依存症になってしまう恐れも十分に考えられます。

スマホは便利ですが、使用についての親の考え、態度が子どもの将来を左右するといってもいいのではないでしょうか。いま一度、親の考えをまとめておくことです。

共通テスト移行後も使える！　センター試験は良問

２０１９年の11月から12月にかけて、共通テストをめぐり、教育の現場は混乱を極めました。今後、制度がどうなるのか、不安だと思いますが、それに加え、新しい制度へ移行するにあたって、「過去問がない」というのも受験生や親の悩みとなっています。

もちろん、共通テスト1年目の受験生には当然共通テストの過去問がなく、その後の受験生からは過去問が1年ずつ増えていくということになります。ただ、現時点で取り組めるのが「センター試験の過去問と試行調査の問題だけ」というのは、みんなが同じ条件です。また「今までのセンター試験の過去問が使えない」と心配する受験生も多いのですが、全ての科目で理解しなければいけないものは何も変わらず、問い方が変わるだけですので、これからもセンター試験の過去問は大いに役立つものなのです。共通テスト移行後もその過去問に加えて、センター試験の過去問も絶対にやるべきだと思っています。

センター試験の問題は、各科目の内容を網羅した基本的な問題がベースなので、それほど難易度が高くなく、非常によくできた良問ばかりです。今回、共通テストの国語や数学で記述式問題を導入するかどうかという「学力の評価方法」について問題になりましたが、どのような変更がなされようとも受験生がまずしなければならないことは、「基本的な問題は必ず解けるようにしておく」ことです。それには、やはり従来通りセンター試験の過去問はきちんと押さえておくということが一番効果的です。答えと解説を読んで、自学できるという点でも優れた教材なのです。私は、共通テストの要は「基礎学力＋読解力」だと考えていますので、まずはセンター試験の過去問をしっかりと解くことが重要だと思っています。

また、過去問は「早め早めに解いてみる」のがいいですね。英語と現代文は、得意な生徒なら中3や高1でもある程度解けますのでぜひやってみてください。その時は満点を目指す必要はなく、問題の概略をまずつかむことが大切です。

制度の変わり目に「過去問がない」という条件は、全ての受験生にとって同じですので気にすることはありません。「ないものはない」と割り切り、「あるものを使って勝負」ということです。そう考えると、今までのセンター試験の過去問に取り組むことがいかに重要かおわかりになるでしょう。

まず過去問　逃げずに早めに解く

新しい入試制度へ移行するのを機に、ここであらためてどんな時にでも変わらない、過去問を活用するという受験のコツをお伝えしておきたいと思います。我が家の経験は第6章でもお話ししますが、この章では、考え方も含めてじっくり説明します。

お子さんの志望大学が決まったら、早めに過去問集を購入して、最初の方に載っている出題傾向、頻出分野などの分析を受験生と共に親もよく読むことです。まず、志望大学を具体的に把握しましょう。

志望校の過去問集を早めに買ってきても、「今やってもまだ点数が取れないから」「もう少し実力がついてからやろう」などと考えて、なかなか志望校の過去問に取り掛かることをせず、結局、過去問集を活用できないまま入試本番になってしまった、ということも多いですよね。「もっと早くからやればよかった……」と後悔する受験生は少なくありません。

なぜ、このようなことになるのかといえば、「志望校の過去問」を自分の試金石のように考えるからです。誰もが試されるのは不安で、悪い点を取りたくないため、先送りにしてしまいます。「志望校の過去問に取り組む」ことを、試金石・聖域のように思っていては、過去問を上手に活用することはできません。まずは過去問に対する意識改革が必要です。

過去問が模試と決定的に違うのは、過去問は志望大学で実際に出題された「本物の問題」ということです。志望大学が決まったら、1年分でも多く、志望校の過去問を解くことが合格の可能性を高めます。

過去問を1年分しか解かなかった受験生よりも、10年分、20年分、30年分とたくさんの過去問を解いた受験生の方が、本番の入試で力を発揮するのは間違いありません。多く解けば志望校の出題傾向や頻出分野などがわかってきますし、「○年分も解いた」ということが自信になり、落ち着いた気持ちで堂々と受験することができます。

過去問はどんなに遅くとも、高3の9月までには解き始めましょう。得意な科目なら、もっと早い時期に解いてみてもいいですね。志望大学の問題の難易度や合格までの距離感をある程度つかめます。早い時期に解く時は、最初から全部解く必要はありません。得意な科目の解ける分野だけを解いてもいいですし、苦手分野を選んで、その攻略を優先させるのもいいと思います。

大切なのは、早い時期から志望大学の過去問をのぞいてみるということです。スタートが早ければ、より多くの問題を落ち着いて解くことができますよね。

共通テストが終わってから本番までの期間は、志望大学の過去問をひたすら解くことになります。この時期は、睡眠、食事、入浴、トイレ以外のすべての時間を勉強に使うことです。我が家の子どもたちも、体力がある息子たちは15時間以上、睡眠時間をしっかり取りたい娘は13時間以上勉強していました。

通常時にはリビングに置いた机で勉強しますが、2次試験の直前期には、2階にある一部屋を「過去問部屋」にして利用する子どももいました。次男は英語のリスニングの時だけ過去問部屋に行き、集中してリスニングの勉強に取り組んでいましたね。

また、三男は過去問部屋に1日のスケジュール表を貼り、ほぼ40日間過去問部屋にこもって、スケジュール通りに勉強していました。

我が家の４人の子どもたち全員が、「東大入試では、大量の過去問を解いていたことが一番役に立った」と言っています。実際に、４人の子ども全員が東大の過去問は25年分解きました。さらに、東大模試と東大模試の過去問集を、息子たちは20～30回分、長女は１００回分も解きました。長女が大学受験塾・鉄緑会に通い始めたのは中1からで、東大の過去問、東大模試、東大模試の過去問を合わせると、解いた回数はなんと１２５回分です。

過去問を解いた回数だけ、合格に近づくといえます。早め早めに取り組むことが受験のコツなのです。

結論　何といっても基礎学力が大事

共通テストの二本柱だった「英語民間試験」と「記述式問題」は見送られましたが、制度がどうなろうとも本当に大事なこと、押さえるべきポイントはいつの時代も変わらないものです。

何といっても、やはり基礎学力が大事だということです。できれば就学前から幼児教室に通わせる、自宅で市販の問題集をやらせるなどといった方法で、学力の基礎をしっかりと固め始めるのがいいと思います。小さな子どもは少しずつしかできませんので、早めに無理のない程度に進めておくことです。

小学校入学までに、ひらがなの読み書き、一桁の足し算、九九はできるようにしておきましょう。今は小学校に入学した時点での学力が二極化してきています。家庭学習に力を入れてきたご家庭のお子さんは、ひらがなをすらすら読めますが、「勉強は小学校で教えてくれる」と考えているご家庭のお子さんは、ほとんどひらがなを読み書きできません。入学時点でこれだけ差がつくと、ひらがなをほとんど読めないお子さんは、入学した途端に劣等感を持ち、学校が楽しくなくなるかもしれません。やはり、小学校生活は、自信を持ってスタートさせてあげたいですよね。

そもそも大学入試の実力も、基礎学力を固めた上に成り立つものです。学年が上がるとともに、内容は確実に難しくなっていきますから、基礎学力を確固たるものにしておかなければ、その上に難しくなった内容を積み重ねていくことはできません。就学前や小学校時代に培っておくべき基礎学力が身についていない場合には、中学や高校の勉強や大学入試で苦戦することになりますから、将来の大学受験を考えた時、早い段階で基礎学力を養っておくことは大事なのです。

だからといって「うちの子はもう間に合わない」と諦めないでくださいね。勉強がわからなくなった時には、思い切ってわからなくなった時点に戻ることが鉄則です。現時点で不安に感じるところがあれば、こだわりを捨てて、何歳であったとしても基礎学力を固めることから親子で取り組んでみてください。基礎学力を身につけたら、それからは努力次第でどんな変化にも対応できます。

これからの時代は、子どもが基礎学力や読解力を身につけるために、より家庭学習が重要になってくるのではないでしょうか。次章からは、中学受験や大学受験までにやらねばならないことについて、具体的にお話ししていきます。

第2章　まず親が覚悟を決める

〜大学合格までは子どもが最優先

私が「受験を極めよう」と決心した理由

私が「子どもの受験を極めよう」と決心したのには、二つの理由があります。

一つは、大学に通っていた当時、家庭教師のアルバイトをしたことです。ある女の子に小学5～6年の2年間、算数、国語、社会、理科の4科目を教えました。主に宿題のお手伝いです。その女の子は大手進学塾に通っていたのですが、私はそのテキストを見て、その充実ぶりに驚きました。どの教科も記述に無駄がなく、子どもが暗記しやすい量にまとめてあり、知識の蓄積がスムーズに進むのです。

私自身は、大分県の出身で、高校までは非常にのんびりと過ごしていたので、余計に衝撃を受けました。いつか、私にも子どもができたら、こんなテキストで学ばせたい、進学塾へ通わせてあげたい、良質の知識を蓄えさせてあげたいと思うようになりました。

もう一つは、大学卒業後、結婚するまでの2年間、地元・大分の高校に英語教師として勤めた経験です。その時、学校で教師がどんなに熱心に教えても、家庭で親が日を離すことなく手助けしてあげて、初めて子どもは勉強する習慣を身につけることができるのだと気づかされました。

長男を授かった時、今度は親の立場から、勉強するための環境をきちんと整えつつ、勉強をフォローしてあげようと思いました。そして、本人の能力をめいっぱい伸ばしてあげて、手が届く一番良い学校で学ばせてやろうと決心したわけです。

仕事と子育ては、両立することが難しいように感じたので、専業主婦の道を選び、妊娠中は育児書や小学校で使われている国語や算数の教科書など、ありとあらゆるものを取り寄せて読みました。危機を事前に回避するために、育児ノイローゼなどネガティブな情報もインプットしました。知っていれば、直面した時に冷静に対応できることはたくさんあると思ったからです。

子育てについて、あれこれ考えを巡らせる中で、避けては通れないのが受験でした。子どもにとって勉強とはしんどくて、なんだかいやなものです。だからこそ、ピリピリとした雰囲気でストイックに机に向かうのではなく、できるだけ楽しく臨めるようにしよう！　私も一緒に楽しんでしまおう！　そんな気持ちで、具体的な勉強法を考えるようになりました。

受験はまず「暗記」をすることがたくさんあります。そもそも基礎学力を身につけるには知識をある程度蓄えることが必要です。

長男が生まれた頃、文部省（現・文部科学省）は「ゆとり教育」を提唱しはじめており、「知識の詰め込み式はよくない」という風潮がありました。もちろん機械的に覚えるだけでは意味がありませんが、知識を蓄えてこそ、応用力が生まれると思っていたので、ゆとりということは考えず、学力にきちんと向き合う道を選びました。そして4人の子どもにあれでもないこれでもない、といろいろな方法を試しながら少しずつ受験勉強の方法に改良を加え、今に至りました。

母親業の道は深い

今、仕事と子育ての両立とか、母親も生きがいを持とうとか、いろいろ言われています。

専業主婦で家事と子育てしかできないなんてつまらない、という人もいるかもしれませんが、母親というのも、なかなかやりがいのある仕事です。せっかく授かって産んだのですから、私はとことん関わってあげることが責任だと思ってやってきました。

仕事を持つ女性も増えてきている時代ですし、共働きを選択するご家庭もたくさんあります。それぞれのご家族の選択ではありますが、可能な限り、親であることをめいっぱい楽しむことが、自分にとっても、子どもにとっても幸せであることは間違いないと思います。

我が家の3兄弟が灘中・高校（神戸市）へ通っていた時、私の起床時間は午前4時30分でした。毎朝、9合のご飯を炊き、3兄弟のお弁当と主人のお弁当を作りました。自宅から灘までは電車を乗り継いで1時間40分かかりますから、3人を起こして、身支度をさせて、家から送り出すのは午前6時すぎでした。子どもたちも朝ご飯をゆっくり食べている余裕がないので、電車の中や学校に着いてから食べられるように、お弁当とは別におにぎりを握って持たせていました。

3人を送り出した後は末っ子の長女を起こして、身支度をさせて、小学校へ行かせます。駅や学校へ送るのは主人の担当でしたので毎朝、早起きをしていました。

慌ただしい朝が一段落するのは、9時頃。そこから、洗濯をしたり、食器を洗ったりするのですが、受験前などは、まず子どもたちの勉強の準備が優先。問題集をコピーしたり、大事なところをマークしたり。そんなことをしていたら、あっという間に午後です。夕方には子どもたちが帰ってくるので、駅まで迎えに行き、バイオリン教室や塾へ送っていきました。その合間に夕飯の準備をしますから、ずーっとバタバタしています。夜は子どもが寝るまで起きているので、勉強に付き合うと、寝るのは午前2時なんてこともしょっちゅうでした。

昼間、眠くならなかったかというと……。時々、眠くなってしまい、塾のお迎えに行った車の中で、子どもたちが出てくるまでの10分ほどうたたねすることもしばしばありました。

4人の子どもそれぞれに毎日毎日の予定がたくさんあって、それをこなすために夢中で過ごしてきた日々でした。

子どもの勉強のサポートは親の役割

「口を出しすぎると子どもにうっとうしがられるのではないか」

「手伝いすぎては過保護になり、結果的に子どものためにならないのではないか」

「甘やかすことにつながり、わがままな子になるのではないか」

そんな心配をされている親御さんも多いかもしれません。

しかし、子どもの勉強、受験をサポートすることを、親がためらったり遠慮したりする必要は一切ありません。


「旅は道連れ」という言葉がありますが、親にとって子どもの受験はまさにそのようなイメージです。主人公はもちろん子ども。でも、志望校というゴールにたどり着くために、子どもをサポートする親も一緒にゴールを目指します。

勉強を、カレー作りに置き換えてみましょう。

食事はお母さんが作ると決まっているとします。この時、家族がジャガイモやニンジンについている土を落としてくれたり、流しにあるお皿を洗っておいてくれたりすると、お母さんはとても助かります。ご飯だけ炊いておいてくれるのも、うれしいですよね。そして、出来上がったものを一緒に食べると、同じカレーでもよりおいしいはずですし、お母さんには家族の愛情が伝わって幸せな気持ちになると思います。「食事作りはお母さんの仕事なんだから、やって当然でしょ」という態度より断然いいのは明らかです。

本当にちょっとした思いやりで、家族の絆は確認でき、幸せな気分で食事を作ることができるのです。勉強や受験のサポートも、これと同じで、勉強も子どもひとりでやることを当たり前とせず、親が少しでもサポートしてあげれば、とても楽しいものになります。

ちょっと話が変わりますが、我が家の子どもは、4人とも虫歯が一本もありません。長男が生まれて、小さなかわいい下の歯が2本生えてきた時、「大切にしなきゃ」と思って、歯医者さんに3カ月に1回ほどのペースで通うようになりました。歯を磨いてもらって、虫歯のチェックをしてもらって、帰り道に「ごほうび」としてファストフードのお店にみんなで行きました。子どもに聞いても、本当に楽しい思い出らしいです。だから、子どもたちは歯医者さんが大好きでした。

普段の歯磨きは、私がひとり20分ずつかけて小学6年生まで丁寧にやっていました。

歯ブラシで磨き、歯医者さんでもらったリンスで仕上げます。乳歯ですから小さいですけれど、生えて間もない6歳前後の奥歯（永久歯）には歯ブラシが届かないほど細くて深い溝があるのです。それで虫歯になりやすいので、特に念入りにやっていました。

おかげで子どもたちは丈夫な歯のままで、今も虫歯がありません。

子どもたちは、今は自分できちんと歯を磨き、永久歯をきれいなまま守っています。私がただ、「歯を磨かなくちゃダメだよ」と言うだけで、歯磨きの習慣を身につけさせることをしてあげなかったら習慣化はしなかったでしょう。

勉強も実は同じようなことなのです。

子どもに勉強させるためには、ただ「勉強しなさい」と言うだけではダメなのです。子どもが勉強できるように、親が徹底的にサポートする。そうすれば、子どもは親から離れていっても、自分で勉強するようになるのです。まず親が自ら子どものサポートに手を出さないと、子どもは自ら勉強するようには決してなりません。

計算したり、暗記したりするのは子ども自身ですが、親も算数のマルつけをしてあげたり、問題集をコピーしたり、間違いやすいところを蛍光ペンで印をつけてあげたりすることはできるのでぜひやってあげてほしいと思います。

子どもたちが小学校へ行き始めると、翌日の持ち物をそろえてカバンに入れ、忘れ物がないかチェックするのも私の役割でした。ですが、大学に進学し、家を出てから身の回りのことが自分でできないということはありません。

上京後、3兄弟は東大近くのマンションで一緒に暮らしていました。掃除や洗濯などもやっていましたし、一緒に自炊もしていたようです。小さな頃に特にお手伝いなんかさせなくても、子どもはやらなければならなくなったら勝手に見よう見まねでやります。たまに「布団にカビが生えた！」なんて連絡も来ましたが（笑）、そんなことも経験しつつ、子どもは自然に自立していくのではないでしょうか。

「一緒に頑張ろうね」は反抗期もはねのけた

子どもたちが受験を迎える頃、同じようにやってくるのが反抗期です。我が家の子どもたちが小学生の時に通っていた進学塾の浜学園の合格体験記にも、反抗期の苦労話などがつづられていて、私は毎回、涙なくしては読めませんでした。反抗期は勉強に対するモチベーションに大きく関係しますし、保護者の方にとって試練となることが多いようです。

ただ我が家の4人には、大きな反抗期はありませんでした。もちろん、ちょっとしたことに口答えするようなことはありましたが、特に勉強において支障が出ることはありませんでした。

生まれた時から、そばで何でも一緒にしてきたことがよかったのかな、と思っています。本を読む時も、漢字の勉強をする時も、バイオリンの練習をする時も、どんな時も常にそばにいましたし、子どもたちは母親が関わるのは当たり前だと思っていたようです。

精神的な面だけではなく、物理的な距離もとても近いのが我が家です。我が家には子ども部屋というものはなく、食事も勉強も、すべてリビングです。夏はリビングだけクーラーを入れて、みんなで一カ所に集まっていますし、食事も、勉強も、睡眠も全部私の目の届く範囲です。私が近くにいることが子どもたちにとって当たり前でした。その距離感が反抗期らしい反抗期を作らせなかったのかもしれません。

例えば、幼い頃から勉強を本人に任せっきりにしていたのに、受験期になって突然、「この成績じゃダメ！」「勉強しなさい！」と親が言うと、子どもはどう思うでしょうか。「いきなり何なんだ」「うるさいな」と反発するでしょう。普段は遠い距離にいるのに、急に近くなると、誰でも戸惑います。反抗期が強く出るか否かは、それまでの関わり方で決まるものだと思います。

精神的な成長に欠かせないという理由で「反抗期は必要」だという意見もありますが、ないならなくてもいいのではないでしょうか。

灘の子どもたちのお母さん方と話していても、反抗期がないご家庭はけっこうありましたし、私としては問題ないと感じています。受験期に強い反抗期が重なると、本当に大変ですからね。

常に「一緒に頑張ろうね」というスタンスは、反抗期もはねのけてしまう結果につながったのではないかと思います。

育児書をうのみにしてはいけない

「子育てを極めよう」「母として受験を極めよう」と決めてから、育児書、教育関連の書籍、小学校の教科書までありとあらゆるものを読みながら、自分なりに子育てをとことん〝研究〟しました。そこで気づいたのは、育児書をうのみにしてはいけない、ということです。

ちょうど私が長男を妊娠した頃、「頭の形をよくするために」という理由で、うつぶせ寝がはやっていました。でも、「こんな格好で寝かせて苦しくないんだろうか。何かおかしいな」と思ったので、一切やりませんでした。その後、死亡事故がたくさん起きてしまったのです。

どんな立派な肩書の先生が書いた本でも、何かが気になれば、そのまま実践してはいけません。子どもは全てオリジナルの存在です。我が家の4人も、みんな性格も体格も体質も違います。あらゆる育児書を読むことはとても大切なことですが、それらの知識を蓄積し、整理しながら、取捨選択しましょう。そうするうちに、次第に自分なりのノウハウが確立されてくるはずです。情報に流されることなく、「私がお母さん」という自信を持って取り組むのが子育てだと思います。

常に、子どものことや勉強のことにアンテナを張っていると、車を運転している時や、料理をしている時などに、「算数の勉強は、あの問題集からやればいいのかな」とか、「古典の解説を面白おかしく説明してあげればいいのかな」と思いつくことがありました。

新聞や推理小説を読む時などは、机の上に、それぞれ子どもの名前を書いた4枚の紙を並べていました。政治の記事を読みながら、ふっといいアイデアが浮かぶことがあります。これは長男に使えるな、と思うとすぐに長男の名前を書いた紙にメモしていました。ひとつのことを真剣につきつめて考えていると、ふとした時にアイデアが浮かんできます。

アイデアメモがたまってきたところで、「8時～9時は長男、9時～10時は次男、10時～11時は三男の時間」などと決めて、それぞれの子どものことだけを考える時間を作りました。メモをめくりながら、苦手なところの克服法などに思いを巡らせていました。思いついたことを実際に子どもに試してみて、効果が出たら「当たった！」と私もすごくうれしかったですね。

日々を何となく過ごしてしまうのは、もったいないことだと思います。「うちの子が理系が不得意なのは、親に似てしまったんだ」とか、「暗記が苦手だから社会がダメなのは仕方ない」とか、「遅刻ぎりぎりなのは朝が苦手だから」などなど、「ま、仕方ないか」というところで思考を止めてしまってはもったいないです。工夫をすれば、どんなことでも少しずつレベルを上げていけますから。

人生とは、何となく日々を過ごし、運を天に任せて、「えい！」と飛び込むものではないと思います。運は自分で集めるもの。そのために、弱いところを把握して、知恵を絞りながら過ごさなければなりません。

きょうだい、周囲と比べないから伸びていく

「お兄ちゃんなんだから我慢しなさい」
「○○ちゃんはできるのにどうしてできないの？」

こんなセリフ、子どもを持つ親なら一度は言ったことがあるかもしれません。ですが、私は子どもたちを他のきょうだいやお友達と比べたことは一度もありません。我が家は4人の子どもがいるので、特にきょうだいを比べずに常に公平に接するよう、心掛けてきました。

たまたま生まれる順番が違っただけ。だから、学校の成績も、バイオリンの腕前も一切比べていません。「○歳までにこのくらいはできるようになっていてほしい」という私なりの目安はありましたが、そこに到達するまでの道は子どもそれぞれ。成績を個別にきちんと把握しておけばいいことです。

おやつや食事もみんな公平に、全員に同じように分けていました。食欲に差があるのであれば、同じように分けた上で、子ども同士で譲り合いをすればいいのです。食事は毎日のことですから、そこで「公平」が徹底できていれば、子どもたちも自然と互いを思いやることができるようになります。

たとえば梨が一切れ残った時に、ついつい「お兄ちゃんだから我慢しなさい」などと言いがちです。けれど、下の子と差をつけるのは公平なやり方だとは思えません。

きょうだい関係が悪くなってしまうだけではないでしょうか。だから一切れ残ったら、包丁で4等分。そのくらい徹底して「平等」を心掛けていました。

呼び方も「お兄ちゃん」とは言わず、名前に「ちゃん」をつける形で呼んでいました。もともとは私が、どの子も名前で呼びたくて始めましたが、褒める時も、叱る時も「○○！」ではなくて、「○○ちゃん」とすることで、どんな時も公平で一定した親子・きょうだい関係をつくれたように思います。

きょうだい同士も、名前で呼び合います。次男も三男も長女も、長男のことを「○○」とか「○○ちゃん」とか呼んでいます。

ですから、佐藤家の長男、次男、三男、そして長女の4人はとても仲がいいのです。けんかもないですし、学校から帰ってきても、よくきょうだいでじゃれ合いながら遊んでいました。勉強においても、親が比べないからこそ、互いを尊敬し合いながら、教え合いっこをしていました。

長男は、本当にさらっと何事もよくできたので、下3人は一目置いていましたし、次男はとても親切で話し好きなので、弟や妹が質問した以上のプラスアルファも教えていました。三男は知識が細かくて深いので、いつまでも丁寧に丁寧に説明していました。丁寧すぎて、なかなか本題に入らないので、質問した長女がそばで足踏みしてることもありましたが。三男は努力して知識を蓄えたタイプなので、他のきょうだいからの信頼もひときわ厚いようです。長女は優しくてのんびりしていて、きちんとした性格です。

兄弟3人が先に東京へ行ってしまってからも、長女も含めたLINEのグループを作って楽しそうにやりとりしていました。長女がLINEで模試の成績を知らせると、「国語はどうだった？」「もっとあそこを勉強した方がいい」などと兄たちはピラニアのように食いついてきて、もう大変でした。ただ、「体育祭だった、楽しかったよ」なんて送っても、既読スルーでしたが。そこが男の子らしいところなのでしょうか。勉強以外のことは「あ、そう」という感じでしたね。

勉強も子どもの個性を活かすとうまくいく

我が家の4人の子どもたちはみんな数学が得意です。これは幼い頃に公文で計算の基礎をみっちりやったからだと思っています。ただ、勉強のやり方や苦手分野や得意分野は、4人ともそれぞれ違います。子どもの資質や特性を把握するのもお母さんの大事な役割だと思います。

長男は暗記が得意で、自分で何でもやってしまうタイプ。感情の起伏も特になく、私が言ったことも、とりあえず素直にやってくれるので、本当に手がかかりませんでした。

次男は、私がある程度追いつめないとダメでした。高校3年の8月の東大模試は4点足りずにB判定。「あと4点だし、何とかなるかな」と思っていたら、夏休みに急に7kg太ってぽっちゃりしてるんです。これは後から同級生のお母さん方とランチをしていて教えてもらったことですが、塾の合間に友達と大阪でグルメツアーをしてたんです！　勉強に集中できていないことは明らかでした。

そして11月の東大模試はC判定。「ここで人生かけないでどうするの！」と言って、そこからは自宅でつきっきりでした。目を離すと、すぐにフラフラしてしまうので、塾へ行かせるわけにもいきません。灘は、1月には授業がなくなるので、毎日、自宅で13時間ぐらい一緒でした。問題集を用意して、古文の注釈を読んであげて、マルつけをして……という具合です。私は、マルつけ用のピンクの色鉛筆をなくさないために耳の上にさしたまま家事をしていましたね。当時の次男に私がつけたあだ名は「ボーダー君」。「ボーダー君、ご飯ですよ」とか呼んでいじっていました。

三男は、基本的にとてものんびりしていて、じっくり考えながら物事を進めるタイプ。小学生の頃から長男、次男と同じ問題をやらせても、解答を出すまでに時間がかかっていました。これは、単純に計算が遅いとか、正答を思い出すのに時間がかかるというわけではなく、数学の公式の使い方を自分なりに工夫したり、長文を丁寧に読みこんでいたり、いわば余分なことをすることが原因です。

そんな三男は、調べることが大好きで、英単語の語源の本を買ってきて、派生語まで調べていましたし、古文と漢文もただ点数を取ればいいとするのではなくて、とてつもなく分厚い専門書を黙々と読みこんでいました。ドイツ語が堪能だった森鷗外は本の中で、「語源を調べたら単語が覚えやすい。語源を知ると、接頭語、接尾語などが全てつながって文章全体の意味がイメージしやすい」と書いていました。森鷗外を例に出すのは気が引けますが、それが三男の「思考の癖」であり、いいところだと思って、時間はかかりますが見守ることにしていました。

とはいえ、受験までの日々の時間は限られています。あまりじっくりやりすぎると間に合いません。だから、大学受験も前倒しでスケジュールを組みました。こうすることで、三男の良さはそのままに、対策もきちんとすることができました。

家事は余力でほどほどに

このような本を書かせていただいているので、私は何事も全力投球する人だと思われているのかもしれません。ですが、すべてを完璧にできていたわけではありません。子どもが4人もいると、それぞれの受験や塾のテスト、学校行事に衣替えなどが重なり、本当に忙しいのです。私は専業主婦ですが、本当に慌ただしくて、お母さん方とランチの約束をしようにも、数カ月間ずーっと予定が埋まっているような状況になってしまうこともありました。

そんな時、どうするか。答えは、ずばり「適度に手を抜く」です。

もともと、私は楽観主義というか、すべてを細かくやろうとする性格ではありません。子どもの教育に熱心なお母さん方の中には、家の中は常にピカピカで、ご主人のお世話もきちんとして、身だしなみもきれいに整えて、という完璧主義な方もいらっしゃいます。けれど、それでは、絶対に立ち行かなくなってしまいますし、自分自身も「こなせない」という罪悪感と闘うことになってしまって大変です。

私は子どもの勉強と生活面のリズムだけはきちんとしようと心に決めていましたが、それ以外は「ま、いいか」というスタンス。模試や小テストなどで3回間違えた問題は、紙に大きく書いて壁や天井に貼っていました。こんな具合ですから、インテリアなんて考えたことがありません。それよりも子どもの勉強が大事だと割り切っていました。

テスト前の1週間は、子どものそばで現代文の問題を音読したり、マルつけをしたり、他の子の食事を作ったりで忙しいので、布団はあげない時もありました。食器もどんどん流しにたまっていました。いいんです、これで。布団をあげたり、敷いたり、お皿を洗っている間に、一つでも問題を一緒に解いてあげた方がいいと思っていますから。主人も、その辺は理解してくれていて、何も言いませんでした。

お母さんはスーパーマンではありません。優先順位を決めて、適度に手を抜きつつ、頑張りましょう。

相手を否定しない　夫婦の役割分担で大事なこと

我が家では、子どもの教育は、私が100％の責任を持っています。

これは、長男が生まれてからずっとです。主人は仕事が大好きで、生きがいを持って働いていましたから、私は子どもの教育を頑張ろうと。

1歳から公文に通い始めて、小学校、中学校へと進む中で、次第に「成績」が出るようになりますが、主人の性格は「知ると一言いいたくなる」タイプ。その一言が私と違うと子どもが混乱してしまいますから、主人には通知表も見せませんでした。話し合って決めたわけではなく、自然にそうなったのです。主人は受験前の11月頃、「ママ、今年は受かるかな?」と聞いてくる程度でした。ここまで明確に分けているから、子どもたちも迷わずに勉強に集中できたのだと思います。

これが母親80%、父親20%だったらどうでしょうか?

ご家庭によっては、子どもが持ち帰った宿題を時々、お父さんが見てあげることもあるでしょう。両親がお互いにできる時にやりましょう、というスタンスは一見よいことのようですが、成績が悪かった時に、夫婦で責任の押し付け合いになることも。「パパが余計な口を出すからよ」「ママが普段からちゃんとしていないことが気になっていた」等々……。

この夫婦げんかを見ている子どもは、「成績が悪いのはお父さんとお母さんが原因。僕は関係ない」と思ってしまうこともあるでしょう。中途半端に関わるから、いざという時に責任からみんな逃げてしまうのです。ですから、夫婦で子どもに関わるのであれば、勉強の内容は100%お母さんが見るけれど、お父さんには送り迎えをしてもらうなど、役割を分けた方がいいと思います。

どうしても分担して勉強を見てあげたいのであれば、数学はお父さん、英語はお母さん、などとして、教える教科を分けてみてはどうでしょう。灘の生徒さんの中にも、お父さんが数学が得意なので全部教えてもらっている、という子がいました。ただし、お父さんが子どもに勉強を教える時に注意していただきたいのは、決して自慢話をしないということです。「お父さんが学生の頃はこんな問題は楽勝だったぞ」なんて言われても、子どもはうんざりするだけです。一緒に楽しく学ぶ姿勢が大切です。

そして役割分担を決めた後は、お互いに相手のやり方を否定しないことが大切です。特に子どもの前では絶対に口にしてはいけません。不満があるなら、自分で全部見てあげればよいのです。

中学生になって、夜遅くまで勉強することが増えると、主人からは「そんなに夜遅くまで勉強させたら、かわいそうだ」と言われたことがありますから、私の教育方針に思うことはあったのだろうと思います。けれど、主人は塾の説明会に行ったわけでもありませんし、子どもたちを取り巻く教育事情をタイムリーに理解していたわけでもありません。だから、「何言ってるの。行きたい学校に行けない方がよっぽどかわいそうでしょう」と返したら、「それもそうだな」と納得していました。

子どもの教育に100%責任を負うことは、もちろん簡単なことではありません。子どもたちの成績が思うように伸びなくても、それを主人や塾や学校の先生のせいにできないわけですから、私のプレッシャーも相当なものでした。けれど、だからこそ覚悟を決めて私自身も努力できたのだと感じています。

灘のお母さん方には、専業主婦の方もいらっしゃいますし、会社員の方もいらっしゃいました。子どもとの関わり方はそれぞれでしたが、中学受験はかなり真剣に臨まれた方ばかりでした。塾選び、宿題の進み具合など、細かく寄り添ってこられたことがわかります。やはり、小学生は自分だけでは勉強できないことを、周囲の話を聞きながら実感しました。

志望校や志望学部を決める時も同じです。普段は仕事で忙しくて何も言わないお父さんが、急に「そんな大学はダメだ」とか「お父さんの後を継げるような学部にしなさい」とか言い出したらどうでしょう？　子どもは反発するだけです。だから、私は主人に「将来は弁護士になってほしい、なんて言わないでね」と話していました。将来を固定化せず、子どもの可能性を広げたかったからですが、結果的に誰も法学部に進みませんでした。主人は少し寂しそうではありますけれど、中途半端に関わることは絶対に避けた方がいいと思います。

〈長男から〉 父はどちらかというと、それほど勉強しなくてもいいというスタンスでした。東大を出ていますが、のびのびやった先に東大があればいいな、くらいだったのだろうと思います。子どもの頃は、休日にキャッチボールをしたり、プールに連れて行ってくれたり、よく遊んでもらいました。勉強に関しては、母がすべてカバーしてくれていたので、ほとんど父のエピソードはないんですが、政治や経済の話題、法律に関することを聞くととてもうれしそうに語ってくれた記憶があります。弁護士なので、さすがに詳しくて助かりました。

〈次男から〉 父は、勉強に口出しすることは一切ありませんでしたが、家族からの信頼は厚いです。もし受験に失敗していたら、父は、誰よりも励ましてくれたと思います。母も励ましてくれたでしょうけれど、子どもと同じくらいショックを受けているはずなので（笑）。父と同じ弁護士になろうと思ったこともありますが、社会科の勉強が好きではなく、理系に進むことにしました。「鉄鉱石の輸出国ランキング」など、数年後には変わっているであろうものを覚えるのが苦痛でしたね。今でも、父は時々、「誰か一緒に働いてくれ」と言っています。それが少し……、息子としては申し訳なかったかな。

大学合格までは子どもが最優先　それを夫婦で理解する

子どもが4人いますから、誰かが受験期になると本当に忙しくなります。分刻みのスケジュールで塾への送り迎えをしたり、勉強を見たり、食事を作ったりしなければなりません。そんなある時、台所から主人が言うんです。「ママー、食器が棚に何もなくなってるよ。洗ってないよ」って。「あのね、そんな実況中継してるヒマがあったら洗ってね」と言ったら二度と言わなくなりました。

またある時は、主人のクローゼットの衣替えをしてスーツは夏物にしたのですが、靴下を忘れていたことがあります。しばらくしてから、主人に「ママ、靴下が暑いんだけど」と言われて初めて「あ！　しまった！」と気づきました。替えてほしそうな目で私を見るのですが、子どもの受験で本当に大事な時でしたから、「大丈夫、大丈夫、すぐに寒くなるから」と言ってそのままでした。

私が日々、子どものことに時間を費やしていることをわかってくれていたからだと思いますが、主人はあまりうるさいことは言いませんでした。仕事が終わって遅い時間に帰ってきたら、パジャマに着替えてビールを飲めればご機嫌というタイプ。家事に関して、ああしてくれ、こうしてくれ、というのがなかったのには本当に救われましたし、感謝しています。

とはいえ、時には夫婦げんかもしました。きっかけはたいてい、遅くに帰宅した主人が「そんなに勉強ばかりではかわいそうだろう」と言うこと。私は「子育ては私の責任。口出ししないで」とカチンときてしまうわけです。

私たち夫婦のモットーは「けんかは子どもの前で堂々と」。人間関係とは、そんなにきれいごとばかりではありませんし、いろんな言い合いの果てに、こうやって収束していくんだなあと見ていてもらえればいいかなと。表面では仲良くて、裏では心がつながっていないことの方が寂しいですし、譲り合ったり、譲れなかったり、子どもながらに両親の言い分を聞きながら、けんかになった原因について考えてくれるだろうと思うからです。両親がつんけんした雰囲気になってしまっているけれど、なぜなのかわからないという方が子どもはつらいですから。

ただ、子どもに接する口調で主人に接するとダメですね。「なんで、そんな言い方をされなければならないんだ！」となって、そもそもなぜけんかになったのか論点がずれて原因がわからなくなりますから。大人の男性に接する口調は保つことがポイントではないでしょうか。

勉強は人として豊かに生きるため

ここまで読まれた方の中には、私を「学歴コレクター」のように思われている方もいるかもしれません。けれど私は、学歴がほしかったわけではありません。

子どもの能力は無限です。枠を決めずに、めいっぱい伸ばしてやって、手が届く範囲で本人が希望する一番良い道へ進ませようと思っていただけです。それが結果的に、4人とも東大理三だったというだけです。「いい大学に入るために勉強しなさい」では、子どもの心に響かないでしょう。それに、行けなかった時に人生に失敗した気分で、とても落ち込んでしまうと思います。それは望んでいたことではありません。

勉強するのは、人としてより豊かに生きていくためだと、再三話して聞かせていました。美しい母国語が話せて、憲法について意見が交わせて、道端に咲く野花について語れる。そんな日々は、とても楽しいはずです。勉強とは、子どもたちが将来、どんな世界で生きていくことになっても必要なことだという考え方です。

ですから、子どもが手先が器用で、芸術的センスに優れていて、「伝統工芸の職人になりたい」と言ったら、全力で応援します。職人になったとしても、塗料などに関する科学的な知識が活かされるでしょうし、日本の伝統工芸を世界に発信するなら英語も必要になりますから。勉強しておいて、損することはないのです。

子どもたちに「東大理三へ行きなさい」と言ったことは一度もありません。灘という進学校に通っていたため、周囲の影響も多分にありますが、東大理三は、自然に子どもたち自身が決めて、目指すことになりました。進路を決める上で避けては通れない受験を極めてみようという心積もりはありましたから、子どもの目標に向かって私は全力で応援したにすぎません。

人生はずっと勉強です。大学入学後はもちろん、社会に出た後も自分の生活、職業に必要なことを、学び続けなければなりません。学校や塾、家庭で身につけた勉強に対する姿勢は、子どもたちの一生の財産になると信じています。

第3章　合格に導く親のサポート術

〜時間管理、勉強計画のコツ

リビングに勉強机を置こう

子どもを合格に導くのは親の役割です。4人の子どもの受験を通して、私はサポートのコツをつかめたと感じています。これから具体例を挙げながらお話ししましょう。

我が家は2階建ての一戸建て住宅です。主人と私、4人の子どもたちが暮らすには十分な広さがありますが、子どもたち各自の部屋はつくらず、普段は基本的にみんな1階にいます。1階のリビングには、両側の壁に向けて二つずつ勉強机を置いています。そのすぐ脇には食事をするコタツがあります。寝るのはリビングに続く隣の和室。襖《ふすま》がありますが、普段は開けっぱなしなので、ひとつの空間で、寝て、起きて、食べて、勉強していました（81ページ参照）。

子どもたちが幼かった頃は、家族6人で和室で寝ていました。大きくなるにつれ、だんだん狭くなって、まず主人が2階で寝るようになり、次に私と長女も2階で寝るようになり、最後は3兄弟だけで和室を占領していましたが、ひとつの空間で寝起きする感覚は家族全員が共有していました。

私は長男を出産する前から、「勉強机はリビングに置こう」と決めていました。これは、大学卒業後に2年間の教員生活をした時の経験が元になっています。

学校で我々教師が一生懸命教えて、「家でも復習すると、もっと知識が定着しますよ」と言っても、それは家庭環境が整っていないとできませんし、結局、成績も伸びていきません。「家庭は大事だな。目の届く範囲に子どもがいるような環境がいい」と痛感していました。さらに結婚後、2階に主人の書斎を作ったら、なぜかすぐに下におりてきて、リビングで書類を広げるんです。それを見て、「大人でもひとりは寂しいのだから、子どもはもっと寂しいはず。絶対に近くにいるようにしよう」とも思っていました。

もし子ども部屋が2階にあったら、勉強するためには家族みんなが夕食後にくつろいでいる中、ひとりで階段を上っていかなくてはならず、孤独を感じてしまいます。勉強することが何だか寂しいことになってしまい、ついついゲームをしたり、漫画を読んだり、楽しいことへ逃げてしまいます。物理的・精神的な距離があると、子どもはなかなか勉強に向かいません。

でも、リビングに勉強机があれば、夕食後や家族団らんの後、すぐにそばで勉強に取り掛かることができます。キッチンで洗い物をしていても、常に子どもたちの様子に目が届きます。

食事も、勉強も、睡眠もすべて同じ空間でやっていましたから、それはそれは雑音が多かったです。誰かは勉強していて、誰かはご飯を食べていて、誰かはバイオリンを弾いている、なんて光景はしょっちゅう。でも、そんな中で勉強するからこそ、子どもたちにとって机に向かうことが日常になったのだと思います。

最近では「頭のよい子」は、立派な勉強部屋ではなく、リビングや食卓で勉強している、という本がたくさん出ているようですし、この方法には一定の効果があることは間違いないのではないでしょうか。

子どもたちはごくたまに、ひとりっきりで集中して勉強したくなった時、「1時間」などと決めて2階の部屋にこもっていましたが、基本的には1階で、多くの生活雑音の中で勉強していました。

勉強以外の面でも、家族みんなの顔が常に見えるのは大事なことです。毎日、ちゃ

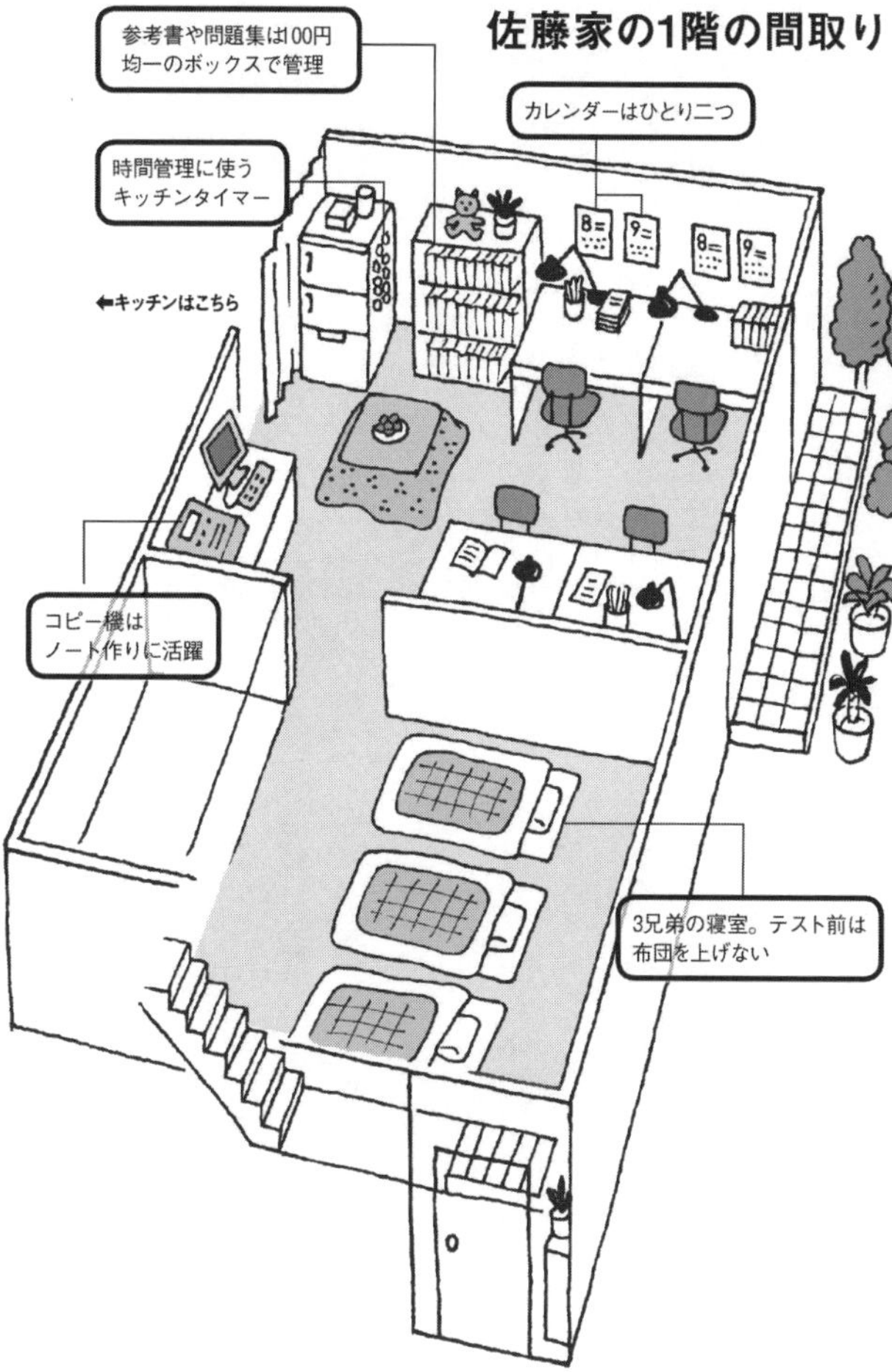
佐藤家の1階の間取り
参考書や問題集は100円
均一のボックスで管理
カレンダーはひとり二つ
時間管理に使う
キッチンタイマー
⬅キッチンはこちら
コピー機は
ノート作りに活躍
3兄弟の寝室。テスト前は
布団を上げない

んと顔を見ていたら、学校で何か困ったことやうれしいことがあってもすぐに気づいてあげることができますし、子どもたちが思春期の少し難しい時期になってもコミュニケーションが絶えることはありませんでした。

そんな距離感で育ったせいか、3兄弟は大学生になっても、東大近くのマンションで3人一緒に仲良く暮らしていました。4人それぞれに勉強部屋を与えて、「ママはリビングにいるね」というスタイルにしたら、この兄弟関係は生まれなかったと思います。

〈長男から〉もし自分の部屋があったら、勉強をサボってしまっただろうと思います。常に家族の誰かが近くにいる環境はとてもよかったです。リビングに続く和室で布団を敷いて寝ていたので、テレビのある2階には、ほとんど行くことがありませんでした。もし、寝ている部屋が2階だったら、テレビを見てしまっていたかもしれません。家の中の動線はとてもうまくできていたと思います。友達の家に遊びに行くと、「世の中の多くの人には自分の部屋があるんだな」と思うこともありましたが、特に必要とは感じませんでした。幼い頃から、この距離感がふつうだったので、大学生になって兄弟3人で暮らしていたマンションにも各自の部屋はありませんでしたが、不自由を感じたことはなかったです。大学生になると、それぞれが忙しいため、顔を合わせるのは深夜くらいだったこともあり、窮屈だと思うことはなかったです。

〈次男から〉学校や塾が自宅から遠かったこともあって、定期テスト前や受験前はずっと自宅で勉強していました。自宅で集中できないから、カフェや塾の自習室に行く人も多いと思いますが、絶対に移動時間がもったいない。アイスコーヒーを飲みながら勉強するとかっこいいかもしれないけれど、ムダの方が多いです。集中するか否かは、自分のさじ加減。場所のせいにせずに、どんどん追い込んでいく癖をつけるようにしていました。ただ、人生で2回くらい、自分の部屋が欲しいと思ったことがあります。理由は、漫画を隠す場所が欲しかったから。当時は、リビングにある自分の勉強机の引き出しの裏に数冊しか隠せず、本当に困りました(笑)。でも、自分の部屋が欲しい理由はその程度。本気で考えたことはないです。

〈三男から〉自分の部屋が欲しいと思ったことは一度もありません。大学生になっても最初は兄2人と一緒に住んでいましたが、自分の部屋はないですし、ひとり暮らしは想像すらできませんでした。そもそも「自分だけの物」があまりないので、自分の部屋があってもそれほど意味がないように感じます。実家ではリビングにある机や、コタツで勉強していたので、まさに、日常生活の中に勉強がありました。

良い時も悪い時も親はテンションを一定に

子どもたちが2～3歳の頃までは、何でも「すごいね」「やったぁ」とパチパチと手をたたいて褒めてきました。けれどもある程度大きくなってからは、褒めるのは、大きな模試で満点を取ったり、定期テストで学年の上位だったりした時くらい。それも「よかったね、すごいじゃない」の一言、二言です。

「褒めて伸ばす」という教育方針があることは知っていますし、私も子どもたちの良いところは褒めてきたつもりです。ですが、あまりに大げさに褒めすぎると、褒めなかった時に子どもが落ち込んでしまうように思います。

「良い点数だったら、ママはとても機嫌がよく褒めてくれる」となると、子どもは、

「悪かったら褒めてくれない」と思うようになります。そうなると、点数が悪いテストを見せなくなり、だんだん学校での話もしなくなることもあるのではないでしょうか。

4人を育てた上での実感ですが、どんな時も母は感情的にならず、何事にも動じないことが大切です。点数が良かった時も悪かった時もテンションを変えずに子どもに接するのです。

私は、大げさに褒めはしませんでしたが、かといって叱ることもなかったので、子どもはテストの結果が良くても悪くても点数を隠すことはありませんでしたし、何でも素直に話してくれていたように思います。

褒める時の「よかったね」と、ダメだった時の「残念だったね」を同じテンションにする方が、子どもは傷つかないということです。

子どもが勉強している限り、寝ないでそばにいる

子どもたちの勉強が終わるまで、私は絶対に寝ませんでした。

勉強を手伝うこともあれば、コタツで本を読んでいたり、クッションを敷いて横たわっていたり、くつろいでいることもありましたけれど、常に勉強机のあるリビングにいて、布団で寝ることはありませんでした。

普段、定期テストや模試がない日は、子どもたちはそれほど自宅で勉強しません。もちろん宿題はやりますが、深夜0時を過ぎても起きていることはほとんどありませんでした。

しかしテスト前となると、2時になっても3時になっても頑張っていることが多かったです。長女が寝て、次男と三男が寝て、最後、長男だけが勉強していても、私は横で起きていました。まだ小学生だった頃は、睡眠時間も大事だと思っていたので、一番勉強に時間がかかった三男でも0時半には寝るように勉強内容を調整していましたが、中学生以降は、子どもがやりたい限りはやらせるようにしていました。

子どもたちもひとりで勉強するのはいやなようで、私がトイレに立っただけなのに、「え!? 寝るの?」とびっくりして振り返るほど。「ひとりじゃないと集中できない」と言うお子さんもいるとは思うのですが、我が家では私が時々声をかけたり、マルつけのためにそばにいたりする方が、眠くならないし、勉強もはかどるようでした。

私の起床は、3兄弟みんなが灘へ通っていた時は午前4時30分です。お弁当作りがあるためですが、1度だけ、誰かが朝3時まで勉強していて、あと1時間半だけ寝るのもなあと思って起きていたら、日中さすがにつらくてつらくて大変だったことがありました。それ以降は、子どもたちの勉強が終わったら、わずかな時間でも体を横にして布団で寝るようにしていました。

時計は20分早めておく

我が家では遅刻は絶対にダメだと教えてきました。それは時間にルーズだと、全てにおいてルーズになるからです。

「漢字テストがあるけど、少しくらい間違えてもいいいや」「持ち物を忘れてもいいや」と。その積み重ねは受験で大きな差となってしまうのです。

だから、家中の時計はひとつを残してすべて20分早めていました。時間通りに動いているのは、パソコンの横にある小さな時計だけ。20分早ければ、電車が途中で止まっても間に合いますし、用意に思いのほか手間取っても大丈夫です。おかげで、我が家の子どもたちは学校も塾も習い事も遅刻はゼロでした。

「時は金なり」。お母さんが口で言うだけでは足りません。時計を早めることで、何事も「早め早め」を習慣づけてあげましょう。受験を勝ち抜く上で、不可欠な要素です。

ただ、私は遅刻には厳しい一方で、子どもの体調が悪そうだったら、積極的に学校を休ませていました。誰かがインフルエンザになったら、他の子も一緒に休ませていました。同じようにすでに感染しているかもしれませんし、外にも菌がはびこっているかもしれません。それだったら家で大人しくしている方がいいからです。

「皆勤賞を目指そう」というのもわかりますけれど、無理をして行くことに意味はないと思っていました。きちんと体調を整えて、めいっぱい学校を楽しんだ方がいいですからね。

勉強のスケジュールは親が立てる

受験は時間との闘いです。限られた時間をいかに効率よく使うか、それに合否がかかっています。そしてこれは、日頃の勉強でも同じです。ただだらだらと勉強していても結果は見えてきません。

我が家では、定期テストや模試、受験直前のスケジュール、さらに中学受験・大学受験に向けた長期的なスケジュールまで、ほぼすべての勉強のスケジュールは私が決め、段取りをしていました。

子どもが4人もいると、誰かが何かしらテストを受けていることになるので本当に大変でした。もちろん、小学生と高校生では、テストの難易度も、親がアドバイスできる範囲も違いますが、それでも小テストから東大入試にいたるまで、すべてのテストの出題範囲を把握し、勉強のスケジュール管理をしていました。

特に中学受験の場合、子どもはまだまだ幼く、自分ひとりでは計画的に継続して勉強することができません。毎日1時間、机に向かっていた習慣を、「明日から1時間10分にしようね！」と言っても、自分の力だけでは10分延ばすことが難しいですし、延ばせたとしても有効活用はできないものです。何より継続できません。1時間がたとうとするタイミングでお母さんが声をかけてあげたり、延びた分の勉強内容を見てあげたりする必要があると思います。

勉強の時間を計ることはもちろん、「今日は何をやるか」もお母さんが具体的に決めてあげましょう。子ども自身もストレスなく机に向かうことができますし、成績が上がれば、お母さんもイライラしなくてすみます。

次から、具体的な勉強計画の立て方などについて、お話ししていきたいと思います。

カレンダーを2カ月分貼り、予定を「見える化」

勉強計画を立ててそれを実行するためには、まずは予定を「見える化」することが大切です。そこで私は子どもたちの机の前に、カレンダーをそれぞれ2カ月分ずつ貼り出して、各自のテストや学校行事などの予定を書きこんでいました。

1冊のカレンダーを月ごとに分けて貼り出してもいいですし、2冊買ってもいいですし、とにかく2カ月見えるようにすると効果的です。

今月のカレンダーしか見ていないと、例えば2週間後、来月上旬にテストが迫っていたとしても、いまいちピンとこないですし、やる気も危機感も生まれにくい。テスト勉強の計画も先が読めず甘いものになってしまい、カレンダーをめくった瞬間に慌てることになるのです。

カレンダーに書きこむ係は、私です。4人いますから、本当にすぐに書かないと忘れてしまいます。子どもたちの予定がわかり次第、各自のカレンダーに書きこむことを習慣にしていました。

子どもひとりにつき二つのカレンダーを用意。常に1カ月先の予定を意識させる

お風呂や食事の時間も予定に落とし込む

我が家では、定期テストの日程が近づいてきたら、勉強のスケジュールを立てるために私が子どもたちから各教科のテスト範囲を聞くのが習慣となっていました。普段は子どもたちに食べさせていないカップラーメンを夜食用に買ってきたり、予定を聞きまわったりと普段よりせわしなく動くので、我が家では定期テストはイベント化していたようにも思います。

子どもが自分で勉強のスケジュールを立てて、問題集を探し、該当のページをめくる。この作業はなかなか時間のかかることです。お母さんが勉強計画を立ててあげれば、子どもたちは家に帰ってから「えーっと、何からやろうかな」と考える時間を削ることができ、より有効に時間を使うことができます。

私は普段から宿題の内容を見たり、小テストも100点を狙えるように手伝いをしたりしていたので、テスト範囲を聞くと「今回はずいぶん、国語の量が多いな」とか、「今回の社会は苦手分野が出るんだな」などとわかるようになっていました。

ですので、各教科で何を重点的に勉強するべきか、どのくらいの時間がかかるのかを考えながら、私が子どもたちの勉強内容を決め、ひとり1冊ノートをつくり、スケジュールを書きこんで子どもに渡すようにしていました。

例えば、こんな具合に計画を立てていました。

○月△日
17時半頃　帰宅予定
18時～19時　生物問題集20～30ページ
19時～20時　英語プリント№２、３
20時～21時　晩ご飯、お風呂
21時～23時　古文一問一答１～７ページ

終わったものに順番に○をつけていけば、その日にできたこと、できなかったことが明らかになります。そしてやり残したことは次の日にやるように書き加えておけば、テスト本番まで抜かりなく準備ができます。計画はその日のうちに、できるだけ終わらせる努力をしますが、できなかったら翌日には終えるようにするなど、細かく進捗状況も書き込みます。

勉強計画を立てる際には、いくつかポイントがあります。

まず、勉強内容は具体的に決めること。「18時～20時　生物」ではいけません。18時に机に向かってから、生物の何をやるのかを考えていては、時間がもったいないからです。問題集のどのページからやるのか、答え合わせはどうするのか、音読は必要か。細かく決めて、子どもたちが学校に行っている間に、問題集やプリントのやり始めの場所に付箋をつけ、子どもが机に座ったらすぐに取り掛かれるようにしていました。

また、食事やお風呂の時間も予定に落とし込むことを忘れてはいけません。

4人の子どもがいる我が家では、ひとりは定期テストや模試があるけれど、他の子どもたちは普段通り、ということがよくありました。

このため他の子どもたちを塾などに送り迎えする時間も考慮しつつ、勉強を見てあげる必要がありました。だから、ご飯やお風呂の時間もあらかじめ決めてしまわないと、家の中が大混乱に陥ります。10分ほどのずれは生じるにしても、勉強以外の予定も併せて決めておくことをオススメします。

ムダな時間を作らないことも大切です。例えば中学受験の時に通っていた進学塾の浜学園は家から車で片道20分かかったため、三男の時は帰宅する車の中で夕食を取らせていました。密閉容器につめたおかずと、おにぎりを作っておくと、さすが男の子、あっという間に食べて、その後は家に着くまで後部座席で寝ていました。自宅に到着するのは、だいたい10時頃。「着いたよ、着いたよ」と起こしたら、あとは一気に私が用意しておいた過去問やら問題集をやって、お風呂に入り、0時半には寝ていました。

そして忘れてはいけないのは、子どもたちの性格に合った計画を立てること。我が家でも、長男はある程度任せてしまい、次男や三男はしっかりスケジュール管理するなど、それぞれの性格に応じて、スケジュールの立て方を変えていました。このさじ加減は、日々子どもたちに接しているお母さんの腕の見せどころではないでしょうか。

ところで、こう書いてくると佐藤家は毎日毎日、私が決めたスケジュールに沿って勉強漬けだったかのような印象を与えてしまうかと思いますが、実はそんなことはありません。テストがない期間、つまり〝平常時〟の子どもたちはいたってのんきなものでした。宿題と小テストは100%できるように見ていましたが、それ以外は追いこんで勉強していたわけではありません。

本当の勉強モードに入るのは定期テストの1週間前とセンター試験の2カ月前から東大2次試験の本番までです。中学、高校時代、子どもたちの定期テストの前の睡眠は数時間。一気に集中してやるのが常でした。中学受験の前は、まだ子どもですから7時間ほどの睡眠は確保するようにしていましたが、大学受験前は1日15時間くらいは勉強していました。

手帳には子どもと自分の予定を書き出しムダなく動く

4人の子どもそれぞれの勉強を見て、習い事や塾へも行かせて、食事の支度もしようとなると本当に大忙しで、私自身のスケジュール管理も欠かせません。

そんな中で私が愛用してきたのは、1日1ページ使うタイプの手帳です。ボールペンで横線を引き、1ページを4段に分けて、上から長男、次男、三男、長女の予定を書きこんでいました。それから1日の自分の動きを決めるのです。この時刻はお弁当の下ごしらえをしておいて、ここで次男を駅に迎えに行って、次に長男を塾へ送って、三男の漢字テストの勉強を見てあげて……と。分単位で予定を組み立てて、毎朝再確認していました。

この時、頭の中だけでシミュレーションするのではなく、きちんと書くことが大事です。子育てをしていると、誰かが熱を出した、など突発的なことがしょっちゅう起きます。その場合は、手帳も書き換えます。頭の中で何時、何時、と思っているだけでは効率よく動けません。書きながら、整理していく方がスケジュールを上手に立てられます。

それでも時々、どうしても予定がバッティングしてしまうことがあるんです。手帳を開いて、うーんと悩んでいたら、長女が「ママ、幼稚園、休んであげようか?」と申し出てくれたこともありました。そういう時は、「うん、ありがとう。休んでくれると助かるよ」と言って、休んでもらっていました。

お母さんにも、物理的に限界があります。予定の優先順位を決めて、無理をしすぎないことも重要だと思います。

模試の過去問や参考書の整理も親の仕事

受験には模試や過去問、参考書や問題集の整理が欠かせません。テストや模試もどんどんたまっていきます。それらを効率よく、いつでも使いたい時に子どもたちが使えるよう、私が整理をしていました。

それくらい子どもたちにやらせれば？と思う方もいるかもしれませんが、参考書の整理をしたところで、問題が頭に入るわけではありません。だったら私がやった方が子どもの貴重な時間を使わずにすみますし、何より美しく整理できて、家族みんな、気分がいいのです。

問題集や参考書の整理には、１００円均一で買ったボックスが大活躍しました。

我が家では、リビングに子どもたちの勉強机があるので、リビングの本棚には参考書や問題集を入れた黄色いボックスが約20個と、それとは別に模試の過去問を入れたクリアケースが約30個並んでいます。ボックスは高さ23㎝、奥行き35㎝、幅が12㎝。クリアケースはＡ４サイズの書類が入る大きさで、幅は２㎝ほどです。

ボックスの背には、大きく教科名を書いています。「古文」「数学」「英語」「英単語」「化学」「生物」「物理」「世界史」「日本史」「倫理」……ここに参考書や資料をバサバサと詰め込んでいくのです。「国語」ではなく、「古文」「現代文」。「社会」ではなく「世界史」「倫理」と試験科目ごとに分けるのがポイントです。

子どもたちは、勉強する時に、古文なら古文のボックスごと机に持っていきます。こうしておけば、他の参考書が必要になって机を離れなければならないこともありませんし、背表紙を見ながら本棚の前でうろうろすることもありません。とても効率がいいのです。

クリアケースは、過去の模試を入れていました。長男が模試を受けるようになってしばらくした頃、「先月の模試をもう1回見たいんだけど、どこ行ったかな？」と聞くのです。捨ててはいませんでしたが、返却された紙袋に入れたまま他の資料に埋もれていました。なくなってしまうかもしれないし、ごちゃごちゃになってしまうのもよくない。整理するために、ポケットになっているクリアファイルも考えましたが、

100均で買ったボックスが大活躍。子どもたちは科目のボックスごと机に持っていって勉強する。試験科目で分けるのがコツ

模試はクリアケースで管理。すぐに取り出せるので、便利。子どもごとにラベルで色分けするのがポイント

出し入れがめんどくさい。クリアケースのほうが便利だったので、我が家ではずっとクリアケースです。

クリアケースの背中のところに、模試の日付と、誰が受けたのかが一目でわかるようにカラーテープで色分けしていました。長男は青、次男は緑、三男は黄色、長女はピンク。そしてセンター試験と東大2次試験の本番は赤です。三男と長女は兄たちのをやって、ずいぶん参考になったみたいです。

本棚は、ただ並べておくだけのものではありません。「いかに効率よく、無駄な時間を減らして、勉強時間を確保するか」ということがポイントです。

受験生がひとりでもいたら盆も正月もナシ

受験は、子どもひとりが孤独に頑張るものではないと思っています。「旅は道連れ」。私との二人三脚は当たり前ですし、主人や他の子どもたちにも「今年は○○ちゃんが受験だよ。集中してやる時期なんだよ」ということは話していました。

我が家は4人の子ども全員が中学受験と大学受験を経験しています。長男の中学受験があった年から、毎年のように誰かが受験でした。そんな時は、お盆もお正月も我が家には存在しません。節目に、年越し蕎麦とお雑煮を少し作った程度です。初めておせち作りをやめた年、私自身がとてもラクで、ああこれは受験に集中できる！と思って、それ以来は割り切っていました。

初詣は、奈良市内の神社はどこもとてつもなく混むので、もともと足が遠のきがちでした。合格の神頼みもしませんから、行きませんでした。実家から祖父母が来ていたら、受験のない他の子は連れて行ってもらっていました。

誰かが受験の年は夏休みの家族旅行もありません。長男が大学受験の時、長女は小学5年生でしたから、家族旅行ぐらい行きたかったかもしれません。でも、「頑張ってる人がいるんだから、我慢しようね」と言えば、他の子どもたちにも伝わりますし、自分の番がきたら同じように「自分のために我慢してくれてるんだな」と感謝する気持ちも生まれます。これは主人もとてもよく理解してくれていて、受験のない子をプールに連れて行ってくれたりしました。家族みんなで頑張ろうという一体感はどの受験の時にもありました。

受験が終わった春休みには近場の温泉などに家族で旅行しました。翌年は誰かの受験が控えていることがしょっちゅうでしたから、2泊が精いっぱいでしたが。受験が1年以上空く、となると、ようやくグアムなどに出かけることができました。

旅行が息抜きになるという考え方もあるでしょう。けれど、受験はそれほど甘いものではありません。ひと夏、ひと冬、腰を据えて緊張感を持って頑張るものだと思います。

受験直前、私は受験に関係のない他の3人の子どもたちには「元気でいてくれたらいいから」と言って受験生にかかりきりになりました。そう言われた3人は、なんだかのびのびしていましたね。家族みんなで非日常を共有し、一緒に頑張ることが、好結果と思いやりにもつながると思います。

とはいえ……私自身、4人の子育てをする中で、唯一の心残りがあるとすれば、やはり家族旅行が少なかったことです。長男を出産して以降、妊娠と出産が続き、常に乳幼児がいる状態では遠出はできませんでしたし、末の長女がやっと大きくなったな、という頃には長男の受験が始まりました。そして、今はもう子ども自身が友達同士で旅行に行ってしまいますからね。仕方ないことですが、いつかゆっくり家族で旅行できる日が来ればいいなと思っています。

子どもと一緒にヤマをかけて親も楽しむ

ここまで読まれて、「こんなことまでするなんて、大変すぎる」と思われた方もいるかもしれません。実際、大変ではありますが、私自身は子どもたちをサポートすることをつらいと感じたことはありません。今振り返っても「ああ、楽しかったなあ」

としみじみ思っています。

これは私自身が、子どもと一緒に本当に受験や勉強を楽しんでいたからだと思います。

例えば、私はけっこうヤマをかけるのが好きで、テストの前には子どもと一緒にヤマをかけていました。中学、高校と進学するにつれて、勉強内容がだんだん難しくなって、私では100％理解できなくなったので小学校まででしたが、子どもと一緒に楽しみながらヤマをかけていました。

後述しますが120ページでは「日々のテストは満点を狙う」と書いているので、矛盾するように思われるかもしれませんが、もちろん100点を目指すように言って、抜け落ちがないよう努力をします。その上で「これは出そうだよね」「昨年は、これが出たよ」などとヤマをかけて、「よし！　一緒に100点取るぞ！」というノリが本当に好きでした。当たったら、「やったー」とにんまりして、一緒に喜び合うことができます。こんなふうにお母さんが遊び心を持っていた方が、子どももゲーム感覚で楽しく勉強できるような気がします。

ヤマが外れてしまって80点だったり、60点だったりしたこともありました。でも、点数は私の責任でもあります。だから、子どもを責めないわけです。連帯責任ですから、「一緒に見直ししようね」と言ってまた並んで復習をしていました。それは、受験のためでもありましたが、子どもたちが学校に楽しく通えるようにするためでもありました。やっぱり成績がいいと学校は楽しいですからね。

こんなこともありました。

三男はセンター試験まで、私が決めたスケジュールに沿ってとても順調に勉強を進めていました。私も3人目ですから、だいぶ要領がわかってきていて、それはそれはいい調子でした。そうしたら、センター試験3日前にやることがなくなってしまいました。「あら、これでは時間がもったいない。何か買ってくるわね」と言って、近くの書店に行って新しい問題集を3冊購入しました。センター試験前日は、交通網の乱れなど不測の事態に備え、会場近くのホテルに泊まりますから、まとまった勉強時間はありません。前々日に「よし、これで最後だね」と言いながら、新しく買った古文の問題集をやりました。

三男が問題を解き、私が採点をしました。平安時代の貴族が、ある女性を気に入って第二夫人にしようとするのですが、おおっぴらにラブレターを書くと女性の家族に邪魔されるかもしれないので、「香箱」という犬のおまるのフタの裏に和歌を書き、使いの者に持っていかせる様子が問題になっていました。ラブレターをもらった女性の家族は相手が貴族だとわかって、その恋を応援しました。めでたし、めでたし、というお話でした。

三男と、「平安時代に、おまるがあるんだね」「やっぱり身分の高い人はモテるんだね」なんて話をしていたら、センター試験本番にその話が出たんです‼ 三男は文章を読まずして問題が全部解けてしまって、他の問題にじっくり時間が使えたそうです。

私もこんなことは初めてで、それはそれはうれしかったですし、一緒にやってきてよかったなと思いました。

こんなふうに、お母さんも一緒に楽しんでしまえばいいと思います。各教科の多くの問題に触れる中で、関連する本も自然にたくさん読みましたし、私自身も楽しかったです。

親のサポートのあり方が合否を左右する

改めて最後に、親が子どもの受験や勉強をサポートすることの意義をお話しします。

兄弟が進学した当時の灘は、卒業生の約半数が東大へ進学しました。だから東大への進学は「ふつう」のことだと受け止められていました。偏差値では東大理三に届く子が、「人には興味がないから、物理が勉強したい」と言って、理一に行くこともありましたし、サッカー部から理三に5人合格したなんてこともあります。東大がとてつもなく高いハードルではなく、当たり前のこととして周囲も同じように目指しているから、子どもたちの目標も自然と定まったように思います。

まだ18歳の子どもですから、周囲から受ける影響は大きいと思います。そのことを頭に入れて、高校を選び、中学を選ぶことが大事です。

東大へは20年に1人行くか行かないか、という学校もあるでしょう。進学校がない地方にお住まいの方もいらっしゃるでしょう。その場合は、東大の門と自分との距離を客観的な数値（模試など）を元にきちんと測りましょう。そして、高1ならどこまでの知識習得を目指すかを具体的に計画し、スケジュールに落とし込んでいく必要があります。大変なようですが、逆に言えば、計画通りにやれば東大は誰でも可能だと思います。

学校や塾選び、受験までの計画やスケジュール、勉強できる環境を整えること、子どもに合った勉強法を見つけてあげること。これらはすべて親の仕事です。受験の結果を左右するのは、親のサポートのあり方だと思います。

「自分は勉強が苦手だったから、子どもも不得意なのは仕方ない」と諦めてしまう方がいらっしゃいますが、それは間違いです。

中学受験にはある程度のカンが必要ですが、その前提となる読み、書き、計算はトレーニングすればするだけ伸びていくものであって、ＤＮＡとは関係がないものです。これは４人育てた私の実感です。

「子どもの学力を伸ばす」。それはお母さんの覚悟で、絶対にできることです。何となく学校へ行って、何となく塾へ行って、何となく宿題をして……ではなく、覚えるべき漢字を完璧にマスターさせ、書き順も丁寧に確認し、計算も反復練習を何度もさせていれば、基礎ができあがって、高度な知識も上乗せしていくことができます。
「うちの子はこんなもの」とＤＮＡのせいにしないで、ぜひ、チャレンジしてもらいたいと思っています。

〈三男から〉奈良市の自宅から、神戸にある灘まで片道約1時間40分かかりました。通学は大変でしたが、東大を目指す人が多く集まる学校に通えたことは、本当によかったと思っています。

佐藤ママの子育てコラム②

塾や習い事を「通いやすさ」で選んでいませんか?

我が家は子どもが4人いるので、バラバラの習い事をさせるのが難しく、みんな公文、バイオリン、水泳を習っていました。

公文は、読み、書き、計算の基礎をつくる目的で、長男が1歳になる時から自宅の最寄り駅近くにあった乳幼児向けの教室に通い始めました。国語と算数を中心に学び、本当に楽しかったのですが、その教室が閉鎖されることになり、別の教室へ移る必要が出てきた時に、ふと「自宅から一番近いところでいいのかな?」と思いました。

「どうせやるなら、いい先生に」と、評判のよい先生を探したら、車で片道30分くらいかかる場所にある教室の評判がいいことがわかり、迷わず、そちらに通い始めました。やはり、教え方やフォローの仕方が素晴らしく、正解でした。次男、三男、長女も、1歳から小学3年生までその教室にお世話になり、子どもたちの基礎学力が培われました。

それからは塾も習い事も本当に子どもたちに合っていると思えるところを探して通うようにしました。

バイオリンは「スズキ・メソード」の教室を選びました。スズキ・メソードの基本は「親子でともに」です。家では親が教え、母語を覚えるようにバイオリンを習得していくようにとされています。だから、私も一緒にバイオリンを始めました。最初は大人の私の方が上手に弾けるのですが、子どもに追い抜かれる瞬間があり、それはそれは刺激的でした。

一緒に習っていますから、どれほど難しいのか、どれほど大変なのかがよくわかりますし、逆に手を抜いたな、というのもわかります。親子そろって習い事をしたおかげで、我が家では何事も親子でともに歩むという姿勢がより明確になりました。普段の勉強には関わるのに、習い事は教室に入れて、その間は自分の買い物をしていたり、自宅でも話題にしなかったり等、放ったらかしにすると一貫性がないですよね。

何となく近所の教室に入れておしまい、ではダメだと思います。せっかく月謝を払うんですから、少々遠くなっても、いい先生のいる教室に入った方が何倍も身になりますし、上達も早いです。

ただ、水泳だけは近いという理由でスイミングスクールを選びました。私自身がカナヅチだったので、「せめて子どもには個人メドレーぐらいはできるようになってほしい」という、非常に明確な目標を掲げていたからです。近所に同じ年頃の子どもがいるご家庭があって、そこのママが「一緒に通いましょう」と言ってくださったことも大きかったです。4人もいると目が行き届かない瞬間が出てきてしまいがちなので、一緒に行くと私もとても安心できました。今でも感謝しています。

第4章　中学受験対策と12歳までの勉強で大事なこと

～大学受験の底力をつけよう

まずは基礎学力　中学受験でもやはり大事

小学生の学習で大事なのは、まずは基礎学力をしっかり身につけることです。それは中学受験を考えているお子さんでも変わりません。

難関中学合格を目指しているお子さんなら、進学塾ではトップのクラスに入りたいと思っていることでしょう。しかし、実力に見合わないクラスに入ってしまうと、子どもは「何がわからないのかさえ、わからない」状態に陥ります。

復習もせずに何となく次へ進んでしまうと、知識の蓄積は不十分なまま。基礎工事が不十分な場所に、無理やり家を建てるのと同じです。勉強についていけなくなると子どもは自信をなくして混乱し、勉強が嫌いになったり、受験が嫌になってしまったりします。大切なのはどんどん先へ進むことではありません。つまずいているところ、いい加減にしていたところを見つけたら、そこまで戻って復習することです。5年生の時に、3年生からやり直してもいいのです。中学受験を本気で考えるのであれば、親も子もこだわりを捨てて、足元を固めることから始めましょう。

ただ、6年生でやり直しをしているようでは間に合いません。6年生の後半は仕上げの時期。復習は5年生までに完璧にすませて、6年生では、その年に習うことを滞りなく吸収しつつ、中学受験本番に向けて過去問などに取り組んでいかなくてはいけません。

我が家の4人の子どもたちは、1歳から公文式教室に通い、読み、書き、計算に親しみました。1歳から学べる読み書きの教材がある教室はそれほど多くなく、おのずと公文を選ぶことになりました。教材が段階的に、丁寧に進んでいくのもよく、間違っている箇所を常にチェックしながら、着実に力をつけていくことができました。

学校の勉強も同じです。宿題やテストなどは点数だけで評価せず、間違っているところ、理解が不十分なところは完璧になるまでやっていました。漢字の書き順ひとつとっても、すべてを完璧にです。これがもっとも結果に結びついたように思います。

幼い時から、丁寧に勉強を重ねた上に、学力に適した塾での知識を乗せて、正しく受験先を選ぶ。これが中学受験の成功の極意です。

ちなみに我が家の子どもたちは、中学受験までだいたい次のように勉強を進めていきました。長女の開始時期は違えど、流れはみんな同じです。

1歳半

公文式を開始。
国語と算数（英語2年程度）を学び、週1日通う。

3歳

バイオリン開始。
親子一緒に学ぶ「スズキ・メソード」の教室を選択し、週1回通いました。

4歳

スイミング開始。
私自身が泳げなかったので、子どもにはとりあえずメドレーリレーができるようになるまで通わせました。時期に少々のずれはありますが、どの子もだいたい小学4年生くらいまで続けました。

小学１年生
7歳

小学校入学。

入学後は、いたってのんびりとした日々を過ごしました。４人とも公文とバイオリン、スイミングを続けていましたが、いずれも週１回程度。「受験」とは無縁の雰囲気の中、のびのびと楽しく小学校に通い、よく遊んでいました。

小学4年生
10歳

浜学園に通い始める。

小３の２月、週２回の授業からスタート。小学校の宿題と塾の宿題を完璧にやること、テストでは１００点を狙うことは教えていましたが、それほど勉強していなかったと思います。

小学5年生
11歳

浜学園が週４回に。

塾へ行く回数は増えましたが、まだまだ勉強漬けということはありません。宿題とテストを完璧にやろうという心掛けも同じです。

小学6年生

12歳

浜学園は週4回＋土日は補習や模試で全て埋まる状態に。

この頃になると毎日が勉強、勉強に。お盆もお正月もぜんぶナシにして、非日常であることを演出。ほぼ毎日、浜学園に行くので、おのずと帰宅後は宿題をすることになる上、週末の模試に備えて勉強。私は、受験生につきっきり。他の子には、食事の用意など当たり前のことはしましたが、その他は「元気でいてくれればいいから」と言って、のびのびさせていました。

〈長男から〉公文で問題の量をこなし、先へ先へ進む勉強法を身につけたことは、計算力の基礎をつくる上でとても役に立ったと思います。さらに、浜学園ではそれまでやったことのなかった文章問題や図形など難しい問題を教えてもらうようになり、算数がとても楽しくなりました。

（1）普段の学習のポイント

塾も学校も宿題は完璧にやる

小学校まで、私は学校と塾から出される宿題をチェックしていました。中学、高校の時は夏休みなど長期休暇の時のみチェック。塾は子どもたちに任せていました。そして、どんなに大量の宿題が出されても、宿題は完璧に終わらせるように子どもたちに言い聞かせ、実行させていました。

我が家の4人の子どもが通っていた進学塾の浜学園では、6年生になると隔週で「日曜志望校別特訓」という特別授業が行われます。朝から一日中、勉強するのですが、この特別授業では、それはそれはすごい量の宿題が出されます。

これを完璧にやるために、いつまでに何をやるのか計画を立て、その日にやると決めたことが終わるまで、子どもたちは寝ないようにしていました。午前1時までかかったこともあります。翌日は学校があるから大変です。どうしても時間がなくて、電車や車の中で最後の仕上げをさせたこともあります。

それほど大量の宿題ですと、中には宿題を終えることを諦めてしまうお子さんも出てきます。「本番の授業を聞いておけばいいか、たかが宿題だし」と思ってしまうのかもしれませんが、それでも私は「100%やる」ことにこだわりました。

それはなぜか。学校の宿題でも塾の宿題でも、たとえ1問残すだけであっても宿題を100%やらなかった子どもには、「やらない癖」がつきます。次第に2問残し、半分残し、最後には「まあ、やらなくてもなんとかなるか」となってしまいます。そうすると、日常的に机に向かう「癖」がつかなくなってしまいます。

定期テストや大学受験という山場を前に、急に毎日勉強しようとしてもできるものではありません。日頃の宿題を丁寧にやることで、勉強を習慣化してしまいましょう。

「9割できている」は危険な言葉　日々のテストは満点を狙う

小中学生のお母さん方とお話ししていると、「うちの子、9割はできています」という言葉をよく聞きます。小学校の漢字も、中学校の英単語もテストで100点は無理だけど、90点は取れるから大丈夫だと安心しているのです。

でも、「9割できる」は危険な言葉です。小学校で漢字を習い始めて、1、2年生で習う漢字などを「だいたいわかっているから」と完璧にしないでいると、他の漢字と組み合わさって熟語となって出てきた時に読めないわけです。そうすると、9割わかっていたはずが、実は4割くらいしかわかっていないことになってしまう。とても怖いことです。小学生、中学生のうちから9割の理解で安心しているようでは、とても東大に合格することはできません。

東大は、900点満点のセンター試験（当時）の点数を110点に換算した成績と、440点満点の2次試験の成績を合算し、550点満点で合否を判定しました。

センター試験の国語では、漢字が五つくらい出ていました。ひとつ2点です。これを110点換算で考えると、ひとつ約0・2444点。「0・2444点で落ちないだろう」と思ってはいけません。灘の生徒でも、0・0001点で落ちたという話は意外と耳にします。「あの漢字さえできていれば……」なんて悔やんでも悔やみきれません。

我が家では定期テスト、模試はもちろんですが、学校で日々行われている漢字や英単語の小テストすべてで100点を狙うように言っていました。どんな小さなテストも目指すは100点です。

「重要じゃない小テストだからいいや」「次の模試は難しいからどうせ無理だよ」などと最初から諦めていては、絶対に100点は取れません。80点になり、60点になってしまいます。それが積み重なるとどうでしょう？　どこでつまずいたかもわからないまま、成績が悪いという結果になってしまいます。そうなると大変です。

とはいえ、毎回100点が取れるとは限りません。取るように頑張ることが大事ですし、100点ではなかったら、間違えたところを復習すればいいだけですから、そこは大らかに構えていました。

そして、100点が取れなかった時に「傾向が変わった」という言い訳を許してはいけません。傾向なんて、出題者があらかじめ教えてくれるわけでもないですし、延々と100年も200年も同じ傾向であるわけがないのですから。実力が足りなかっただけのことです。「傾向が変わったと言ってよいのは、『英語のテストでロシア語が出た時』だけよ」と、すべての問題を「想定内」にできるよう幅広く勉強しておくように、かなりしつこく言い聞かせてきました。そうすると、子どもたちも、少し手を広げて勉強を始めてくれます。

実際に100点を取ったら、必ず「よかったね！」と言うようにはしていましたが、次に進むために、気が緩まないよう褒めることはほどほどにしていました。

もし小学生のお子さんを持つ親御さんがこの本を読まれていたら、まずは学校の小テストで常に100点を目指すことから始めてはいかがでしょうか。我が家でも、漢字や計算など基本は徹底してマスターさせるようにしていました。詰めの甘さが積み重なって、大事な受験がダメになってしまってはもったいないですから。

国語は、お母さんやお父さんの音読が効果的

子どもは行動範囲が狭く、人生経験もまだ浅いので、小説やエッセーなどで描かれている「心の機微」をつかむのが苦手です。

子どもに登場人物の感情の動きや物語の背景を具体的にイメージしてもらうには、お母さんの音読が有効です。お母さんが情感豊かに読んであげれば、問題にも的確に答えられるようになります。さらに時々、登場人物の気持ちや物語の背景をわかりやすく解釈してあげると、理解がより深まります。

私は子どもたちが生まれてすぐの頃から絵本を読み聞かせるのを習慣にしてきました。その流れで、子どもたちが学校に通い始めると、今度は教科書や問題集を音読するようになりました。音読がいい、と聞いて始めたわけではなかったのですが、子ど

もたちも自然に聞いてくれていました。音読はいつから始めても効果があります。続けていれば、子どもの聞く姿勢も整ってきて、勉強がはかどることを実感できると思います。

私が音読をしている時、子どもたちは思い思いのスタイルでリラックスしています。クッションを敷いて、ごろんと横になっていたり、まだ体が小さいうちは、私の肩の上におさるさんのように腰かけていたり。もちろん、音読の声は、その問題に関係のない子どもたちにも届いていますが、特にうるさがられることはありませんでした。

そんなふうに音読を続けていたのですが、次男が小学6年生の時、模試の国語が48点だったことがありました。驚いて解答用紙を見てみると、長文問題がほとんどできていませんでした。取り上げられていたのは、向田邦子さんのエッセーでした。家族のために働いていた彼女が、ようやく自分のために買った高価な手袋をつけて電車に乗り、つり革を持った時、「ああ、よく頑張ったな」と思う——というお話でした。

次男には、この働く女性の気持ちが読みきれなかったのです。だから、「彼女が、なぜ手袋にこだわったのか」「なぜ頑張ろうと思ったのか」と問われて、全て間違えていました。この時、「専業主婦の私しか知らないからだ。経験がないことがわからないのは当然だ」と、ハッとしました。それ以来、音読ではただ読むのではなく、背景まで理解できるよう注釈をはさみつつ読むようになりました。

私の音読が終わったら、子どもたちは問題を解きます。そうすると、子どもの負担が減って楽ですし、理解のスピードもうんと上がりました。

ただ、三男が小学5年生の頃でしょうか。こんなことがありました。

虫捕りをする子どもたちのお話で、ある男の子が鈴虫を見つけて好きな女の子にプレゼントしたいんだけど、周囲に冷やかされないように、さりげなく渡したい。その工夫をするというストーリーで、いつものように声色を変えて読んでいたのですが、話の中にたくさんの子どもが出てきて、だんだん誰が誰だかわからなくなって、「あれ？　あれれ？」と混乱していたら、それまで黙って聞いていた三男から「ママ、もう音読はいいから」と言われました。

あまりに私が楽しそうだから言いにくかったらしいんです。この頃にはだんだん、自分で読む力もついていていました。

音読は、お母さんも楽しいですし、子どもの成績も上がりますから、小学生のお子さんがいるうちは、ぜひ続けてほしいものです。

歴史は漫画、地理は「るるぶ」、理科は植物図鑑が役に立つ

我が家では基本的に漫画は禁止でしたが、『学習まんが　少年少女　日本の歴史』（小学館）と『学習漫画　世界の歴史』（集英社）は全巻買って、いつでも読めるようにしていました。長男が小学校に上がる頃に全巻そろえました。

次男の灘高校の同級生に、日本史がとてもよくできる子がいたのですが、次男が「どうしてそんなによくできるんだ」と聞いたら、「歴史漫画が面白くて、何百回と読んでるうちに覚えてしまった」と言っていたそうです。

漫画のいいところは、著名人の顔や、当時の服装が覚えられることです。さらに気分転換になる。子どもたちは勉強の合間に、ごろんと転がりながらペラペラとめくって楽しんでいました。テスト前になると、もう一度、該当箇所だけ読むこともありました。

地理には旅行情報誌「るるぶ」（ＪＴＢパブリッシング）が役立ちます。

子どもは大人と違って、圧倒的に知識が少ないのです。大人であれば「新潟」と聞

けば、雪が降って寒くて、お米がおいしいところ、となんとなくすぐにイメージできますが、子どもはそうはいきません。ましてや一度も行ったことがない場所のことはわかるはずもありません。我が家ではテレビを見なかったこともあって、一度、絵や写真を見せておく必要もあるなと思って日本各地の「るるぶ」をそろえるようになりました。現地に行く予定は特にありませんでしたが、勉強の合間に気分転換がてら関連するページを開いて見せると、わくわく楽しそうに眺めていました。

また、我が家では子どもたちが幼い頃、散歩へ行く時には植物図鑑を持っていっていました。シロツメクサを見つけたら、そのページを開いて原産地を確認したり、初めて見る葉っぱの名前を調べたりしていました。理科が得意になってほしいという願いはありましたが、それ以上に「知る喜び」を味わってほしかったからです。

野に咲く花も、空で輝く星も、ぼけっと見ているよりも花の名前を知り、星座の知識があった方が楽しいのです。つまり人生が豊かになり、新しいことを知ることがその第一歩になるわけです。

図鑑を開いて調べる作業は、お母さんがしてあげるとよいでしょう。子どもが自分で調べてこその勉強、と考えている方もいますが、まずは「わからないことを知るのは楽しい」という感覚を教えてあげることが大切です。

とはいえ、私自身はそれほどガーデニングにかける時間はなかったので、子どもたちの身近に常に花や草木があったわけではありません。浜学園の模試の理科で「宵待《よいまち》草《ぐさ》」という花の色を4人とも間違えたこともありました。答えは黄色ですが、実際に見たことがないのでどうしても色を覚えられないのです。4人合わせて50点くらい損したと思います。間違えるたびに、図鑑を見せつつ、「宵待草なんだから、月を待っているということ。黄色でしょ」とコメントを挟んで復習しました。

また、これは中学生以降の話になりますが、「源氏物語」などの古典を理解するのにも、やっぱり漫画が役立ちました。

勉強は本来楽しいもの。苦しんで机に向かうばかりではなく、リラックスしながら知識を深められるものがあれば、積極的に取り入れるべきだと思います。

〈次男から〉 学習漫画は大好きで、しょっちゅうページをめくっていました。かなり細かい歴史事情が描きこんであるので、教科書としてもとても優れたものだと思います。「北条時宗」と聞いて、顔や服装などを思い浮かべられたのは、絵でインプットできたからです。また、母が植物図鑑を持ち歩いていたのはよく覚えています。

1問1ページ　算数の成績を左右するノートの使い方

算数の成績は、ノートの使い方で大きく変わります。

私は、子どもたちに1問に1ページ使うように言ってきました。図を描いたり、いろいろな公式を使ってみたり、頭の中でごちゃごちゃと考えていることを全部書くスペースが必要です。ノートを広々と使えば、頭の中もすっきり整理されてきます。1ページに何問も詰め込んでちまちま書いて式を省略したりしていては、成績は伸びません。

問題を拡大コピーして左のページに貼り付けることもありました。拡大して見やすくなると、難しい問題も易しく見えてくるものです。問題をノートに貼り付ければテキストとノートを交互に見る手間も省け、視点をずらすことなく集中することができます。

コピーして、ノートを作るのは私の仕事です。４人分をコピーして、切って、貼って、をひたすら繰り返していました。なかなか大変な作業でしたけれど、確実に成績に良い影響を与えていると感じていました。こんな調子で、コピーをしょっちゅうする必要があったので、我が家はコピー機を購入しました。家庭用の手頃なものですが、本当に大活躍。一家に1台、絶対にあった方がいいです。いちいちコンビニまで行くのは大変ですし、何度もやりたい問題にもすぐに対応することができます。

ちなみに子どもたちはみんなバイオリンを習っていましたので、楽譜も大きくしてみたら、「音符が見やすくて、弾きやすい」と言っていました。視覚的に広がると、精神的にも楽になるのかなと思いました。

〈長男から〉算数や数学の勉強でノートを広く使うことは、頭の中を整理する上でとても有効です。母からは「細かい字でちまちま書くより、大胆に書きなさい」と常に言われていましたが、1問に1ページ使うようにすると、ぐんぐん問題が解ける感覚がありました。大胆なノート使いを続けていくと、図形を書く時などにノートの罫線が邪魔だと感じるようになり、大学受験前には無地のルーズリーフを選ぶようになりました。B４のコピー用紙を半分に折って使うこともありました。罫線にとらわれることなく、真っ白で広いスペースに、頭の中に浮かぶことをどんどん書き込んでいました。大学生になってからも勉強する時は、真っ白な紙を使っていました。

〈三男から〉母は算数のノートの左ページの端に問題を貼り、残りのページで解けるようにしてくれていました。理科のノートは、問題が貼ってあるページをめくると解答が貼ってあったりして、勉強もしやすかったです。

家庭学習の要は下準備

子どもたちを学校に送り出した後、ノリとホチキスなどを出してきて、コタツで教材づくりをするのも私の日課でした。

切ったり貼ったりは得意なので、何の苦でもなく、とにかく楽しみながらやっていました。とくに中学受験前は大忙しでした。

教材づくりといっても、私が問題を考えるわけではありません。作業の多くは、浜学園で出される宿題を拡大コピーして、ノートの左側のページに貼ったり、白紙のノートに宿題プリントの③をやるなら「③」とナンバーを書き込んだりすること。子どもが帰宅したら、すぐに取り掛かれるようにする準備でした。

ノートに書き込むペンの色はカラフルにしようと決めていて、文房具店に行くたびに明るい色やキラキラする色など様々なペンをそろえていました。カラフルにすると、私もちょっと楽しいですし、子どもにも気分転換になるようでした。例えば、今日中に終わらせなければならない問題の番号は緑で、翌日にやる予定の問題の番号はオレンジにしておくと、子どもは色が変わった時に「あ、終わった！」とちょっとうれしいわけです。日々の勉強が楽しくなる工夫のひとつだと思います。

もうひとつは、インデックスをつける作業です。参考書の重要な部分には必ずインデックスをつけ、該当する問題にも同じインデックスをつけていました。こうしておけば、子どもが問題を間違えた時に、すぐに正解を調べることができます。インデックスの色をそろえるなどして、ここでもちょっと工夫していました。

参考書は欲張らず、ひとつのテキストをしっかりと

子どもたちの参考書や問題集をあれこれ選ぶのが好きな私ですが、子どもたちが小学生の時は、参考書は浜学園のテキストのみと決めて、市販の参考書は使いませんでした。

長男が小学4年生の頃、理科の授業で、花の名前や植物の構造などを学んだ時期がありました。知識を深めようと、市販の参考書をあれこれ集めてやらせてみました。そうしたら、ある花の色について、浜学園のテキストには「黄色」と書いてあるのに、市販の参考書には「薄黄色」と書いてある。長男が、「これはどっちなの?」と聞くわけです。実際に見たことがない花ですから、迷ってしまうようでした。

中学生になれば、「選択式のテストであればどちらかを選べばいい。『黄色』と『薄黄色』のどちらもが選択肢になっていることはないだろう」と理解できるのですが、小学生ではそうもいきません。

子どもがまだ幼いうちは様々な方向からアプローチしすぎると、知識が分散し、混

乱してしまいます。ですから、シンプルにひとつの教材を使う方が賢明です。その代わりに、植物図鑑や旅行情報誌の「るるぶ」など写真や絵で表現されているものを多くそろえて、浜学園のテキストの補助として使っていました。

(2) 中学受験対策

私が長男を中学受験させた理由

我が家の4人の子どもがそろって東大理三に進学したという話をすると、「もともと頭がよかったのでは？」と言われる方がいます。でも私は、親がしっかりサポートしさえすれば、東大に進学することは決して難しいことではないと思っています。いわゆる「東大脳」は生まれついたものではなく、育て方で決まるものなのです。

もちろん、高校3年になってから急に思い立って、東大を目指しても現役合格は難しいでしょう。でも、できるだけ早い時期に対策を立て、親が全力で子どもをサポートしていけば、誰にでも手が届くと思います。

私が最初に長男を中学受験させようと決めた理由は、将来を見通して考えてみて、中学受験をする方がベターだと判断したからです。公立中学から高校受験をするとなると、「内申点」が重要になります。この「内申点」は、先生の主観に左右されることがあると聞いたことがあり、中高一貫校の方がいいのではないかと判断しました。

良い塾は親のスキルも伸ばす

中学受験は、塾通いが必須です。小学校での勉強は、塾へ行かなくてもある程度できてしまうお子さんは多いのですが、受験となると、基礎知識に加えテクニックが必要だからです。習得するためには、塾で学ぶのが一番の近道です。ご家庭によっては「塾なんか行かずに大学まで出たぞ」と言う親御さんがいらっしゃるかもしれませんが、時代が違います。多くの子が塾へ行く状況で勝負しなければならないのですから、そこは素直に行く方がいいです。塾を毛嫌いしては損をします。

さて、どこの塾へ通わせるか。ママ友たちから情報を仕入れたり、テキストを取り寄せたりして検討し、「浜学園」（本部・兵庫県西宮市）を選びました。関西を拠点にしており、難関私立中学受験に強く、自宅の最寄り駅から二つ隣の駅に教室があったので、そこに通い始めました。

塾選びで大切なのは、よくできたテキストがあって、優秀な先生方がいるかどうかを見極めることです。「家から近くて便利だから」「通いやすいから」という理由だけで決めてはいけません。時間をかけてでも通う価値がある、そんな塾を見つけてください。

小学校3年生の2月から浜学園に通い始めた長男は、それまで淡々と勉強をこなすタイプだったのに、すぐに「算数が楽しい！　面白い！」と興奮気味に言いだしました。これは私にとっても予想外のうれしい反応でした。良い塾との出合いが、子どもの勉強する意欲にどれほど大きな影響を与えるかを実感しました。

そんな長男を見ていたからか、次男も「僕も行きたい！」と言いだし、2人で通うようになりました。そうしたら、三男も通いたいと言いだし、長女も通いたいと言いだし……。みんなそろって「勉強が楽しい！」と目を輝かせるのですから、うれしいものです。我が家では塾の日は「勉強しなくちゃいけない大変な日」ではなく、「心待ちにしているとても楽しい日」となりました。

浜学園は、実力によってクラスがはっきりと分かれている点もよかったと思います。少しでも成績が悪いと下のクラスに落ちてしまうというのは、子どもにはプレッシャーになるかもしれないなと思っていましたが、実力に見合った授業を受けることこそが力を伸ばすことにつながりました。

塾に通わせることに賛否はあると思います。けれど、塾には教科に精通した先生方がいらして、授業が本当に面白い。勉強が好きになるきっかけもたくさんもらえるように思います。だから、近くに塾がなかったり、経済的な理由で難しかったりする場合は別の方法にし、その他の方は、通わせた方がいいでしょう。

塾に通って伸びるのは、子どもだけではありません。お母さんの教育技術も伸びます。

ここで重要なのは「素直さ」です。私も受験教育のプロではないのですから、受験に精通している塾の先生の話はきちんと聞くようにしていました。お母さんの中には、「成績が伸びないのは、先生のやり方がおかしいからだ」とごちゃごちゃ言う人もいます。そして家庭教師を雇ってみたり、授業に文句を言ってみたりするのです。これでは、子どもが何を信じていいのかわからず、言い訳を始めますし、やる気もなくしてしまいます。プロに完全に任せて、母はお手伝いをするというスタンスが大事です。先生との信頼関係も生まれ、受験では本当に心強い存在になりますから。

また、浜学園は合格体験記の冊子が非常に充実していました。子どもの反抗あり、お母さんの病気ありで、涙なくしては読めない内容です。私はこれを読むたびに、むくむくとやる気が湧いてきて、自分の生活にどう活かそうかと常に考えて、実践していました。そんなことも塾に通った効果のひとつです。

〈長男から〉浜学園に通うようになって、中学受験をする仲間に出会ったことは大きなモチベーションになりました。ふだん通っていたのは奈良市内の教室ですが、月に1~2回、大阪や神戸で合同で勉強する機会があり、自分よりはるかによくできる同級生の存在を知って、刺激を受けることもありました。子どもですから、自分ひとりでは情報収集をすることも、目標設定をすることも、勉強を続けることにも限界があります。浜学園で自分の学力を知り、受験先を身近で手が届くものだと認識できたことは、大いに役立ちました。

〈次男から〉兄が通い始めて、僕も浜学園に通うようになりました。少しでも手を抜くと母にも先生にも叱られましたし、「やめられないな。大変だな」とは思っていましたが、友達もいて、和気あいあいとしていて、とても居心地がよく楽しかったです。宿題には保護者のサインが必要で、親子一緒に学ぶ雰囲気が母の教育方針ともマッチしていました。子どもには自分ひとりで高いレベルでの勉強を継続する力はありません。大人の導きが必要です。学生時代、東京の鉄緑会で講師のアルバイトをしていましたが、時々、「模試の成績を親に見せていない」という生徒がいて、それでは伸びないと、僕が保護者に電話することもありました。僕自身にとっての塾がそうだったように、親子一緒にのびのび学ぶ場にできたらいいなと思っていました。

プレッシャーに打ち勝つには繰り返し過去問を

中学受験の過去問は5年生など早い段階でやっても意味がありません。入試には6

年生で習うことが数多く出題されますし、灘など難関校となると本当に手強い問題が出るので、5年生ではそもそも解けません。焦らなくて大丈夫です。

我が家の長男、次男が中学受験の過去問に手をつけたのは、受験直前の冬でした。量は、6〜7年分ぐらいで、中学受験の直前にひと通り終わらせました。

しかし我が家の三男の場合は、ちょっと事情が違いました。

三男は小学6年生の夏のとても重要な模試「灘中オープン」で100点満点の算数で9点を取ってきました。この模試では、絶対に合格判定を出したいところですし、70点くらいは取れるかなあと思っていたら9点とは！　見たこともない数字に、私は固まってしまいました。

ただ、それまでの塾の成績が長男や次男に比べて特に悪いわけでもないですし、日々の勉強をサボっているわけでもない。「プレッシャーがあるんだ」と気づいて、3日ほど真剣に対策を練りました。出した答えは「過去問を徹底的にやろう！」ということでした。模試はしょせん、模試です。本物の問題をきちんとできるようになれば、自信もつくだろうと思ったのです。

それからネットで調べるなどして、灘中の過去問をできる限り集めました。最終的に1989年から2007年までの分を集めて、全科目を4部ずつコピーして、ホチキスで留めました。つまり、19年分を4周しようと思ったのです。自宅のコピー機は連日フル回転でした。

灘の入試は1月中旬。12月末までに4周できるようにきちんとスケジュールを立ててから、三男に言いました。「これを全部やったら絶対に通るから」と。信じて取り組むことが大切ですから、そう宣言して一緒に始めました。

1周目は普通に解いて、間違えたところはノートにまとめたり、兄たちや塾の先生に聞いたりして丁寧に。2周目でその確認をして、3周目では時間制限を設けて臨みました。どんどんスピードが上がってきて、4周目には難なく解けるようになっていました。

そして、無事に合格——。三男は量をこなしたことが自信になり、当日は落ち着いて臨んだようです。本当にほっとしました。

〈長男から〉三男が灘中受験を前に緊張している様子は伝わってきました。模試でも

3回に1回は微妙な点数を取ってくるので、先に受験を終えた立場としてアドバイスしたこともありました。頑固なところがある三男は自分が納得したやり方で勉強を進めたいタイプ。大丈夫かなと思いながら、見守っていました。

〈次男から〉三男は、要領がよくないことをきちんと自覚しています。中学受験は苦労していましたが、誰よりも努力家であり、大学受験では3兄弟の中で最もいい形で東大理三に合格しました。

〈三男から〉灘中には兄2人が楽しそうに通っていたこともあり、「行きたい」という思いが強かったです。小学生だった自分がプレッシャーを感じていたのかどうかは覚えていませんが、「行かなければならない」という思いも確かにありました。母がよく手伝ってくれましたが、3人目だからノウハウがあって、手伝うのもうまくなっていたと思います。僕はとにかく過去問をよくやりました。母が過去問をすべてコピーし、解きやすいようにまとめてくれていました。

受かる子は「ちょうどいい筆圧」を知っている

三男の灘中受験の前、「とにかく過去問だ！」と決めて、大量の問題を解かせて、私がマルつけをする作業と格闘していた時、ふと気がついたことがありました。三男の筆圧が強すぎるのです。

長男と次男のノートと比べても明らかに強い。太くて濃い字ですから、消しゴムで消してもきちんと消えていません。その上から新たに字を書いても、うっすらと残った字に惑わされて間違ってしまっていました。計算が遅い理由もここにあるようでした。

弱点はこれだと、気づきました。

三男に「筆圧が強すぎるよ」と言ってもピンとこないでしょうから、長男と次男を呼んで、3人に「よーいドン！」で灘中の過去問を解かせてみました。兄2人は、さらさらと解きつつ、間違えたらきれいに消しながら、すごいスピードで終えてしまいました。灘中の算数の問題は難しく、量もしっかり出ますから、速さは本当に重要です。

長男と次男の解答用紙を見せながら、三男に言いました。「灘中生は筆圧もちょうどいいから、きれいに解答用紙を使えて、計算も速くて正確なんだよ」と。少し頑固なところのある三男は「これが僕のやり方だ」と抵抗しようとしましたが、長男に「あのな、受験は要領のいい奴から通るんだ。勉強のやり方にこだわるなら大学の数学科に行けばいいよ。受験に通りたいなら、要領よくやれ」と諭されると、素直にうなずいていました。それからは、問題を解く時に意識して直そうとしていました。小学生はまだ小さいので妙なこだわりを持つことがあります。そのこだわりが正しいのならいいのですが、間違っていることも多いので要注意です。「要領よく」ということは「間違ったこだわりを捨てる」ということです。

そのかいあって、筆圧も適度になった頃には、ずいぶん計算間違いも減って、「灘中は通るな」とほっとすることができました。

たかが筆圧、たかが持ち方、とそのままにしておかないで、細かいことを見逃さないことが大切だなとしみじみ思った出来事でした。

〈三男から〉筆圧については、長男は弱め、次男は普通、僕はとても強かったので母に指摘されたことは覚えています。直してみたら、頭の中で考えていることをスラスラとメモできるようになり、集中力が増しました。それまでは、考えることよりも書くことに集中してしまっていて、計算などとても時間がかかってしまっていたのが改善されました。

模試を受けて場なれする

中学受験は多くの場合、子どもにとって人生で経験する初めての「受験」。模試を受けて「場なれ」しておくことは大切です。我が家では塾が実施している模試を6年生の時に数回受けました。

小学6年生はまだまだ子どもですから、あれもこれもと手を出すと混乱してしまいます。塾に通っている方なら、どの模試を受けるべきかは、塾の先生の指示に従うのが一番良いでしょう。

模試のための勉強、というものも特に必要ありません。模試はその時点での実力を知るものですから、普段通りに臨めばいいと思います。

模試を受けることによって、子どもたちは問題を解くペースや、先に解くべき問題、不得意な問題にはどれだけ時間をかけるべきかなどを学んでいったようでした。

模試を受けると、「A判定」「C判定」という結果にばかり目を向けがちですが、模試はあくまで模試。本番ではありません。ですから、模試の結果が良くても悪くても、その度に一喜一憂する必要はなく、目標に向かって着実に歩むことが大切です。

つまり、模試というのはその時点での勉強の成果を測り、その後の勉強法を見直すためのもの。数点足りないだけで自信をなくして、志望校のランクを下げるようなことはしなくていいと思います。

受験直前は「捨てる」勇気を持つ

普段は受験に関係のない科目も手を抜かないようにしてきましたが、受験が直前に迫ってきた時期は別です。受験に関係のない科目は、思い切って「捨てる」勇気も必要です。

三男の中学受験の時、東大寺学園の試験科目の社会が選択制になって3科目でも4科目でも受験できるようになったと聞いた瞬間、3科目で受験を決め、社会を勉強するのをやめました。本命の灘にはもともと社会がなく、国語と算数と理科だけだったこともあって、意味がなくなったわけです。勉強スケジュールを全て書き換えて、不要になった参考書は見えないところに片付けました。灘がダメだったらなんて悩んでいる暇はありません。ちょっとぼけっとしていたら、1カ月はすぐに過ぎてしまいますから、大事なことは迷わず決断するに限ります。

灘の入試問題の理科は、かなり難しいと言われています。基礎知識だけでは当然解けませんし、応用力や分野をまたいで考える複合的な力が試されます。理系に強い子を育てようとしている学校ですから、理科だけではなく算数も難しく、一朝一夕の準備では間に合いません。国語は精神年齢が高い方が正解が導きやすい問題もあります。人の感情の機微をつかむ能力と言えばわかりやすいでしょうか。多くの文章に触れつつ、登場人物の心情を丁寧に解説してあげることが何よりの対策となります。

ということで、受験はやることが山積みです。やるべきことのみにたっぷり時間をかけましょう。

キッチンタイマーは集中力アップの秘密兵器

我が家の子どもたちの勉強に欠かせないアイテムがキッチンタイマーです。当時はリビングのキッチンに近い場所にある冷蔵庫の側面に10個以上はくっついていました。首にかけられるようにヒモをつけているものもあります。

勉強の合間に休憩する時、だらだらと寝そべったまま机に戻れないようなことがないように、15分なら15分に合わせて、首からかけてくつろぐのです。ピピピと鳴ったら机に戻って、また勉強です。一つひとつ微妙に音が違って、子どもそれぞれに好みがあるようで、好き好きに使い分けていました。

三男の灘中受験の時、長男や次男に比べて算数が少し苦手で、問題を前にしても一気に鉛筆が動かないのを感じていました。優しくおっとりした性格で、特に焦る様子もなくのんびりしているので、これは心配だなと思って、浜学園の先生に相談したら、「確かにお兄ちゃんたちに比べて、計算が遅いです。少し忘れっぽくて、集中力もないように感じます」と言われました。

あらら、やっぱり。しかも3拍子そろってる……。浜学園の先生曰く、「授業中、15分しか集中力がもたないから、14分になったところで声をかけて、もう一度集中させている」とのことでした。ありがたい話です。

灘中入試を乗り切るためには、50分程度の集中力は必要です。15分しかもたないようでは心配です。「これはもう、滝に打たれてきてもらうしかないんだろうか……」と不安な顔をしたら、先生が「15分を3セットすれば45分。4セットすれば60分。試験時間に近づけることができます。3セットの場合は2回、4セットの場合は3回集中し直す練習をすればいいのです」と教えてくれました。

そのアドバイスをもとに、家での勉強サイクルを大きく変えることにしました。ひとつの教科の勉強時間を15分にしたのです。キッチンタイマーをセットしてから算数を始め、15分たったら問題が途中でも有無を言わせず次の国語に移ります。そして15分たったら、理科というように、次々と変えていきます。子どもが15分でできる内容を自分で選ぶのは大変ですし、時間がもったいないので、学校へ行っている間に私が準備していました。15分でできるように問題を選んで、付箋を貼っておくのです。そして「はい！　はい！」と言いながら手渡してあげるとスムーズです。

冷蔵庫にくっついたキッチンタイマー。
子どもたちそれぞれのお気に入りがある

この方法だとラスト3分くらいになると、とても集中することができます。「時間がない！　問題を途中でやめるのはもったいない！」という心理が働くからでしょう。そのうち集中力を持続させる〝コツ〟をつかんだようで、三男は2カ月もするとちゃんと集中できるようになっていました。浜学園から出される大量の宿題をこなすスピードも格段に上がっていて、ほっとしたものです。

この間は、確かにとても大変でしたが、手助けしてあげれば、子どもの集中力も伸ばすことができるわけです。「うちの子は集中力がなくて……」と嘆くだけではなく、ぜひあれこれと試行錯誤してみてください。

〈三男から〉　僕の集中力をつけるために母がキッチンタイマーを導入したという話は、よく覚えていません。ただ、きょうだいの中で一番キッチンタイマーを活用したのは僕だと思います。常に時間を意識しながら問題を解くことは、大学受験に臨むにあたってもとても大切なことです。東大理系の2次試験では、数学は問題が六問出ます。試験時間は150分なので、20分で1問解けば間に合うわけですが、難しい問題は時間がかかりそうだから、易しいのは早めに仕上げよう、など時間配分を考えてから解き始めないと失敗します。これは、慣れるしかありません。受験直前は、キッチンタイマーを活用しながら、ひとつの問題を解く時間を計って時間の感覚を身につけました。また、2時間英語をやって、10分休憩して、と予定を立てたら、その通りにキッチンタイマーをセットするなど、スケジュール管理にも活用していました。

「必殺ノート」で食事の時間も無駄にしない

食事は毎回20~30分ほどかかります。忙しい受験期は一分一秒が惜しくなってきます。食事の時間も無駄にしないために、あれこれ準備をするのも私の役割でした。

我が家で「必殺ノート」と呼んでいるノートがあります。背の部分がリングタイプのA4サイズの普通のノートです。このノートに、覚えておかなければならない重要な言葉や、子どもたちが間違った内容をどんどん書いていくのです。

社会の必殺ノートには「終戦（敗戦）記念日　8月15日」と書いた次のページは、「愛知県の人口（2011年）742万人」、理科の必殺ノートには「メダカは摂氏25度で孵化する」という調子で、フェルトペンを多数使ってカラフルに大きく書くのがポイントです。色をたくさん使うと、記憶の定着がいいからです。子どもたちは「メダカは赤ペンで書いてあったね」なんて言い合っていることもあり、キーワードが色とともにインプットされるようでした。

そのノートを子どもがご飯を食べている横で、「はい、はい」とめくりながら私が読むのです。子どもはノートに目をやりつつ、「ふんふん」と言いながら、ご飯を食べているだけ。特に真剣に覚えようとしているわけでもなく、ただ「ふんふん」と言っていました。これでいいのです。毎日やっていると、何度も目と耳から入りますし、この蓄積はバカにできないと感じました。子どもが食べているカレーがノートに飛んだら、「カレーが飛んだページは四字熟語の『我田引水』」という具合に、脳にインプットされていきますし、そうなると忘れません。ちなみに、〝平常時〟にはやっていません。中学受験前に限って、食事の時間をうまく活用しようと考えた結果の方法でした。

受験前以外の時も、我が家の食卓はバタバタしたものでした。子どもたちはそれぞれ塾や部活で忙しかったため、帰宅した順に子どもがご飯を食べている状態。主人は仕事で遅くなりがちでしたし、家族そろっての食卓ははなから諦めていました。しかし、我が家はリビングに勉強机がありましたし、寝るのもリビングに続く和室。「孤食」ではありませんでしたから、子どもたちが寂しい思いをすることはなかったと思います。リビングに勉強机を置くことは、孤食を防ぐためにもよいことのような気がしています。

また、私は基本のテーブルマナーにはかなりうるさく口を出してきました。特にお箸の持ち方は、ずっと「ちゃんとできるようになるまで、この家から出さないよ」と言い続けてきました。お箸の持ち方を指導している協会を調べて、どういう方法で直すのがいいのかが書かれているパンフレットを取り寄せたり、お箸の持ち方を矯正するグッズを使ってみたり。まず自分が間違っていないかを確認してから、子どもたちの手つきをチェックしていました。それは、日々接している親しかできないことです。

それから背筋を伸ばして、きちんとお箸で口に運ぶようにも言っていました。たま

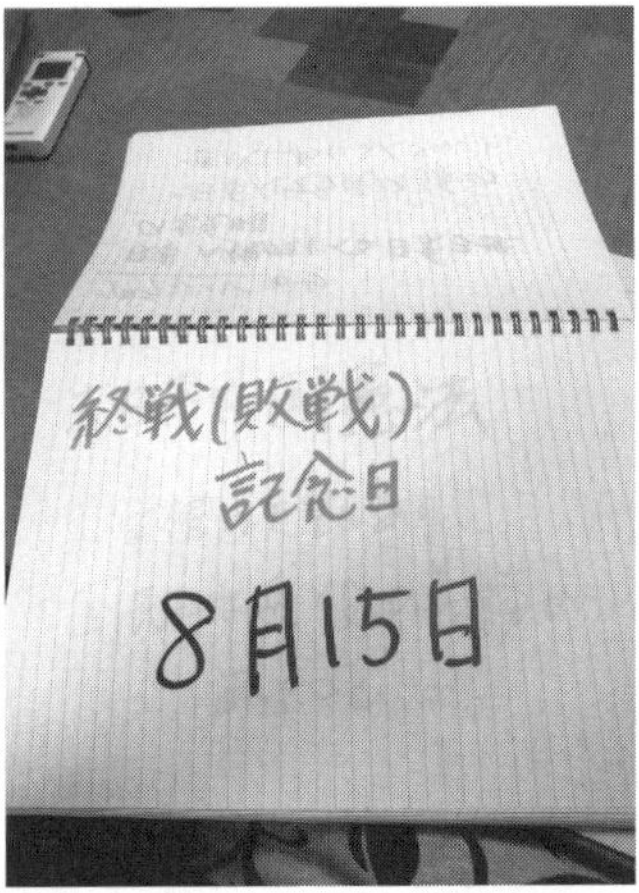

人呼んで「必殺ノート」。食事をしている子どもの横で、次々とめくっていく

にテレビを見ていても、お箸の持ち方がおかしかったり、テーブルに置いたお皿に、口を近づけるように食べたりする方が結構いるんです。その度に、「こんな食べ方はダメよ」「人として魅力的に見えないよ」と繰り返し繰り返し言ってきました。

おかげで我が家の子どもたちは、みんなきれいに食事をすることができます。お箸の持ち方や食べ方の癖はすぐに直せるものではありません。お母さんが根気よく見てあげましょう。大事なことと、見逃してもよいこと。それを見極めて子どもたちに教えていくのも、親の大事な役目だと思っています。

ピークを本命校に持っていく試験日程のコツ

場なれするためにも、本命校の前の試験日程の学校を受験することは大切です。試験時間を体感し、会場の雰囲気を味わって、どんな環境でも力を出せるように準備をしておきます。

さらに、本命校の後の試験日程の学校も受験することをオススメします。本命校を最後に設定していた場合、親も子も2日前くらいに緊張の糸が切れてしまうことがあります。「ああ、やっとここまできた」という安堵にも似た気持ちになると、ひゅーっと集中力までなくなってしまうことも。頑張ってきた親子ほど、その危険性があるのです。しかし、本命校の次にもう一山あると思っていれば、「まだまだ戦いは続くぞ」というテンションで走り続けることができます。場なれの前受験と、駆け抜けるための後受験。どちらもオススメです。受験先は、本命校を挟んで、それぞれ1週間とか2週間以内の学校であれば、実力に応じてどこでもいいと思います。

中学受験の問題はどこの学校にもある程度共通する傾向があります。だからトップを狙って勉強すれば、最終的には2番目、3番目には合格します。長男は、灘と東大寺、西大和と洛南、洛星の5校受けて全て合格。次男も、過去問を一度も解くことなく、ラ・サールと開成に合格。東京の開成と、鹿児島のラ・サールを受けたのは、本人が「全国制覇したい」と言いだしたからです。三男は、灘以外に岡山白陵と東大寺を受け、いずれも合格しています。三男の時から受験日程が統一されたので、併願できたのは2校だけでした。東京や岡山、鹿児島など遠方での受験は宿泊を伴う場合もあるので大変でしたが、我が家では子どもの体力、体調とも相談しつつ、併願校を決めました。

志望校選びで「見栄」は捨てること

我が家の3兄弟はみんな灘に進学しましたから、よほど灘にこだわっていたと思われるかもしれませんが、そうではありません。長男を浜学園に通わせ始めた時、灘は意識していませんでした。他にもいくつか魅力的な学校が家から通える範囲にあったからです。その中から、本人に合った学校が見つかればいいな、と思っていたくらいでした。もちろんどこでもいいわけではなく、子どもの学力をめいっぱい育ててあげて、うーんと手を伸ばして届く一番良い学校に入れようとは思っていました。我が家では、それが灘だったにすぎません。

志望校を決める時、正しい選択ができない人が多い印象があります。それは、子どもではなく、親が間違ってしまっているのです。

志望校を間違える最大の理由は、「見栄」です。こんなに高い月謝を払って塾に行ったんだから……。他の子も受けるんだから……。親類みんな良い学校に通っているんだから……。そんな理由で志望校を選んでいては、子どもの実力に見合った勉強ができません。そしてかなり高い確率で落ちてしまいます。

中学受験は第3志望までに合格すれば大丈夫だと思います。中学・高校の6年間できっちり大学受験の準備をすればいいのです。中学受験の時、子どもはまだ12歳です。いくらでもやり直しがききます。ですから、手を伸ばしても届かないことが明らかになった時は、見栄とプライドを親子ともども捨てて、志望校を変更しましょう。そして、もし第1志望に落ちたとしても、第2、第3志望の学校で、イチから鍛え直せばいいと大らかに構えておくことが大事です。子どもたちに聞くと、第4志望でも第5志望でも大丈夫と言っていました。

佐藤ママの子育てコラム③

3歳までに1万冊の絵本を読み聞かせた

長男が生まれた頃、「3歳までに絵本1万冊の読み聞かせをしましょう」と公文で提唱されていることを知りました。日本語の言語能力が豊かになると、自分の思いを整理して伝えられるようになり、思考力と心が育つというのです。「へぇ、1万冊なんてすごいなあ」と思って、主人に話したら、「1万という数字は意味があるんだよ。司法試験も1万時間勉強したら通ると言われているし、1万という数字は人間の中の何かをはじけさせる力があるんだろうね」と言うんです。

そこで、「あ、そうなんだ。じゃあ、やってみよう」とすぐに始めることにしました。

1万冊を3歳になるまでの期間で日割り計算すると、1日10冊です。多少の覚悟は必要ですが、我が家ではテレビを見ませんから、可能な数字だと思いました。公文の推薦図書リストをもとに取り寄せたり、図書館に借りに行ったり。図書館は当時ひとり6冊借りられる仕組みでしたから、長女が生まれてからは6人家族で最大36冊。貸し出しカードを6枚持っていき、毎回、大きな布袋にごっそり入れて帰ってきました。

読み聞かせの時間は特に決めていませんでした。昼間に子どもたちが退屈しているようだったら読むようにしていたほか、寝る前には必ず読んでいました。そして、絵本を読み終わったら必ず「正」の字を書いて数えていました。

もっと楽しく読んであげようと思って、影絵に挑戦したこともあります。障子を立てて、ライトアップして。けれど、お話を始めたとたん、子どもたちの側に障子が倒れてしまって、うわあああああーっ。それはそれは、すごい勢いで逃げていきました。それ以来、影絵はやっていません。

長男が3歳になった日、目標通り1万冊を読み終えていて、記念すべき1万1冊目を主人が読み聞かせてくれていました。そうしたら主人は、「あれ⁇ ママ、何も変わらないよ！」って。長男が急に難しいことを話しだすと思っていたみたいです。

さすがにそんなことはありませんでしたし、子どもたちも今となっては絵本を読んでもらったことは、ぼんやりとしか覚えていないようです。けれど、言語能力の礎になったに違いないと思っています。

ちなみに、童謡も3歳までに1万曲聴かせました。CDをかけ、一緒に歌いながら、美しい日本語に触れることができたと思っています。

そして、幼い子どもたちと一緒に絵本を読み、童謡を歌っていた時のことを思い出すと、「ああ、幸せだったな」と温かい気持ちでいっぱいになります。子どもの能力を伸ばすために必要かなと思って始めたことではありますが、子どもと一緒に幸せな時間に浸ったことが私の一番の思い出です。

第5章　中学・高校時代の過ごし方

～大学受験まで上手にギアを上げる方法

やりたいことは思いっきりやらせる

中学受験を乗り越えて灘に合格した後、我が家の3兄弟は比較的のんびり過ごしていました。次男と三男は中学3年から東大や京大など難関国立大や医学部への進学に特化した塾「鉄緑会」へ通い始めましたが、長男は塾に行かないまま中学3年間を過ごしました。

長男は入学式の次の日に、サッカー部に入部。早朝特訓がある日は午前5時頃に出かけて行くので、お弁当を作る私もかなり早起きでしたが、やりたいことを思いきりやって学校生活をめいっぱい楽しんでほしいと思っていました。サッカーは結局、高校3年の夏まで続けました。

次男は野球部でした。とにかく友達が多くて、にぎやかに過ごしていた印象があります。野球は高校に上がる時にやめていますが、大学で再び野球を始めて、医学部野球部のキャプテンもしていました。組織を動かすことにやりがいを見いだしていたようで、ある時、「俺、大阪桐蔭から監督依頼がきたら、医者をやめて監督やるわ」と言っていたことがあったほどです。「大丈夫、絶対にこないから」と返しましたが。

三男は卓球部に入部しました。それほど熱心に部活をしていたわけではないようでしたが、勉強漬けにならずに、楽しく中学生活を送っていました。ゲームが好きで、通学中はずっとやっていたようです。通学時間は「オフ」の時間だと割り切って、自由にさせていました。

ただ、学校や塾の宿題は完璧にやるようにいつも言っていましたし、テストの予定は定期テストはもちろん、英単語や漢字などの小テストまで一応把握していました。そして全てのテストで100点をとるように準備させていました。このケジメがついていれば、中学時代はのびのびさせるのが一番良いように思います。

高校に進学すると、灘では少しずつ受験モードに入っていきます。1年、2年、3年と進級するにつれ、おのずと受験に対する雰囲気が盛り上がっていきました。

長男は、高校に進学した時に鉄緑会へ入りました。鉄緑会の校舎は大阪にあったため、神戸市の灘で授業を受け、大阪の鉄緑会に寄り、奈良の自宅に帰る日が週に何度か入るようになりました。中学3年の時に鉄緑会に入った次男と三男は、高校に進学してからも鉄緑会に通い続けました。

長男と次男は、英語や化学や物理を専門的に教えてくれる別の塾に通っていた時期もあります。

高校3年になると、週末や夏休みは模試や講習でほぼ埋まります。秋までは模試の成績をチェックしながら弱点を補いつつ進め、秋以降は一気に仕上げに入りました。

サッカーに没頭している長男については、正直なことを言うと、高校2年生の時にそろそろ部活はやめたらいいんじゃないか、と思ってはいました。けれど、頭ごなしに「もう部活やめなさい！」とは言わず、見守ることにしました。やりたいことを存分にやり尽くしてこそ、勉強に集中できるだろうと思ったからです。

〈長男から〉僕は高校3年の夏までサッカー部でした。母に、やりたいことを否定されたことはないですし、「とにかくやってみなさい」というスタンスでいてくれたことにも感謝しています。

音楽、家庭科、体育……受験に関係ない科目も手を抜かない

学校では、受験に関係のない音楽、家庭科、体育などの授業も受けることになります。こうした科目に時間を割くのはもったいない、と思う人もいるかもしれません。けれど、受験に関係ないから、という理由で手を抜くのは、もったいないと思います。生活に役立つ「知恵」ですから、大事にした方がいいですし、そんな余裕のないことでは、受験そのものも勝てないのではないでしょうか。

次男が中学生の頃だったと思いますが、夜遅く「明日は、家庭科でリンゴの皮むきテストがある」と言いだしたことがありました。次男はリンゴをむいたことがありませんでした。しかし、テストはテストです。「まあ、仕方ないね」で終わらせず、やるだけのことはやらせようと思いました。スーパーはもう閉まっていましたから、青果を売っているコンビニを数軒、車で回って買い集めてきました。

机の上に25個のリンゴを並べて、私と並んで夜通し練習です。最後の方は、くるくるとなんとかむけるようになってほっと一安心。リンゴはぜんぶジャムにしてみんなでおいしくいただきました。

音楽も家庭科も体育も、どこでどんな知識が役立つかわかりませんし、思いがけず受験の問題に出ることもあるかもしれません。どんな授業にもきちんと臨む。これは基本だと感じています。

ちなみに、家庭科のリンゴの皮むきテストでは、丸のままではなく、4等分されたリンゴの皮をむいたとかで、次男は調子が狂っちゃったみたいですが。

テレビ、ゲーム、漫画は「非日常」にする

テレビやゲーム、スマホに夢中になって子どもが勉強しない、と悩むお母さんは多いと思います。我が家の場合、テレビは2階の、夏は暑くて、冬は寒い部屋にありました。子どもたちの勉強机はリビングにありましたし、3兄弟はその隣の部屋で布団を敷いて寝ていたので、普段はあまり行かない部屋です。

子どもが生まれたら、全ての時間を日本の童謡をCDで聴かせたり、絵本の読み聞かせをしたりするために使いたかったので、長男が生まれる前にはテレビは2階に移動させました。

ただ、中学校に行き始めると、子どもたちが「面白い番組があるみたいだから、見たい」と言うことがありました。その時は、試験前などでなければ、その番組に限って見せるようにしていました。この時の約束は、1時間のドラマが終わったらパチッと消して、1階に下りてくること。これは絶対に守らせていました。そうしないと、だらだらと見てしまって、ドラマだけだったはずが、その次のスポーツ番組も、そして深夜番組も……と際限がなくなって、いつの間にか「テレビがある生活」になってしまいますから。

ゲームも買わない方針だったのですが、ニンテンドーDSがはやりだした時、「世の子どもたちがそんなにはまるとはどんなものなんだろう」と思い、子どもたち4人と私の分の計五つ買いました。ゲームをするのもテレビのある2階の暑くて寒い部屋。ゲームを何となくするものではなく、「よし、やろう」と腰を上げて取り組まなければならないものにしました。このルールづくりは、お母さんの仕事だと思います。

5人でマリオカートなどをしたこともあるんですが、私は本当にヘタくそで、毎回あっという間に崖から落ちるんです。ゲームにならなくて子どもたちに呆れられたり、長男と長女がもともと興味がなかったりしたことなどから、いつの間にか家の中では誰もやらなくなりました。次男と三男は通学の電車の中でやっていたようですけれど、帰宅してからはやりませんでした。

漫画は、歴史ものなど勉強に役立つもの以外は買わない方針でした。けれど、次男がこっそり買っていたのはちゃんと知っています。帰ってきて、ぴゅーっと2階に上がって読んでいました。次男なりにママの前で読んじゃいけないとわかってるわけですし、こっそり読むのが楽しいんだろうな、と思って放っておきました。

さじ加減が難しいところですが、子どもたちがルールを守っているかぎり、ガミガミと細かいことを言わないのも大事なポイントだと思います。

〈次男から〉 テレビがリビングにないのは我が家では当たり前のことで、僕自身もそれほどテレビが見たいとは思いませんでした。ただ、中学受験が終わってからしばらくは、時間を決めてではありますが、よく見ていた時期もありました。特にバラエティーが好きでした。僕自身はお笑いが大好きで、高校2年生の時には灘の同級生とコンビを組んで若手漫才の日本一を決める「M－1グランプリ」に出たほど。文化祭でも漫才を披露しました。当時の相方はテレビ局に就職して、バラエティー担当になったそうです。

携帯電話はいざとなったら親が預かる

我が家では、早い段階から子どもたちに携帯電話を持たせていました。

最初は長男が浜学園に通い始めた小学4年生の時です。塾が終わると私は車で迎えに行くのですが、時々ちゃんと会えないことがありました。まだ教室にいると思っていたら、もう下におりてきていたり、その逆だったり。互いの場所を知るために、長男に電話の発着信だけができる携帯を持たせていました。けれど、これは塾の日限定。メールもできない携帯ですから、小学生の間は持たせていなかったに等しいです。

長男が中学に入学すると1台持たせました。灘中は家から1時間40分もかかりますし、すでにメールで学校行事の連絡をするなんてことも当たり前になっていたので、必要に迫られて、というところです。その後、中学に入学すると1人につき1台ずつ持たせました。

高校生になってからは学校帰りに塾へ寄って帰ってきますから、子どもたちの帰宅時間はバラバラ。その都度、私が駅まで車で迎えに行っていましたから、連絡手段として欠かせなくなりました。

我が家の4人の子どものうち、次男は家でもしょっちゅう携帯が鳴る子で、メールも頻繁にしていました。ですから定期テストの勉強中は、携帯を私が預かることもありました。しかし、そこは灘。大学受験が近づくと、ピタリと携帯が鳴らなくなるのはさすがでした。次男は「みんな忙しいからね」なんて言っていましたが、切り替えの早さには驚かされたものです。ですから、我が家では、それほど携帯の使用をめぐって親子でもめたことはありません。

ただ、我が家の3兄弟が受験していた頃は、現在に比べれば携帯・スマートフォン文化は大したことがなかったように思います。

しかしそれから、ものすごいスピードでスマホが子どもの生活に入り込んできたようです。スマホ依存になる子どもがいてもおかしくないくらいに、日々の生活に密着しています。もし、今のタイミングで我が家の子どもたちが受験を迎えていたら……きっと帰宅後は寝る直前までスマホを預かるということをしていただろうと思います。ちょっと厳しいようですが、それくらい親子ともども覚悟を決めなければ、落ち着いた勉強時間は確保できないでしょうね。

受験に本気で臨むなら、スマホとの付き合い方は厳しくしなければならない時代になっています。特に、大学受験の大切な時期に、スマホにはまっていたら大変です。受験どころではありません。どうしてもお子さんがスマホをやめられないのなら、「スマホに五寸釘を打ち込む」くらいの覚悟を持ち、「今、スマホをやめないと、あなたの人生がダメになってしまう」ということを、愛情を持ってお子さんに伝えてほしいですね。息子の友人のお母さんは、実際にスマホに五寸釘を打ち込んで、スマホをやめさせたそうですから。

カップラーメンはテストのごほうび

私は普段、ポテトチップスやチョコレートなどのおやつを一切買いません。カップラーメンも体に良いとは言えませんから、同じように一切、食べさせないようにしてきました。おやつは時間がある時に、ドーナツなどを手作りしておくくらい。灘は遠かったので、電車の中でお腹がすくかなと思い、お弁当とは別におにぎりを作って持たせていました。

だからこそ、体調が悪い時や、歯医者さんに頑張って行った帰り道などには市販のお菓子を食べさせてあげるようにしていました。「今日は特別な日」であることを演出するのです。子どもたちはとってもうれしそうに食べて、元気が出るようでしたよ。「体調が悪い時」というのは、おかしいように思われるかもしれませんが、何といってもカップラーメンというのはおいしいのです。それで我が家は日頃食べていないこともあり、食欲を出すためにおいしいカップラーメンを食べるということです。

長男が灘に入った頃から、定期テストの前は夜遅くまで勉強をするようになりました。やはり育ちざかりですからお腹がすきます。そこで、「テストも非日常で特別なことだ」と思い至って、カップラーメンをたくさん用意することにしました。

この時、テストがある子だけしか食べられないとしてしまっては、他の子がかわいそうです。何といってもいいにおいが家中にしますから。テストに臨む子だけが食べるのは楽しくないので、いつも4人分用意してました。

スーパーに行って、いろんな味を全部四つずつ、合計で40個くらいをカートに入れて、サンタクロースのように大きな袋を持って帰ってきていました。

けじめをつけつつ、頑張り時に非日常の楽しみがあると頑張れます。メリハリをつけることが、成績を上げるコツでもあります。

参考書・問題集代はケチらない

中学受験までは市販の参考書をほとんど使わなかった我が家ですが、子どもたちが中学に上がって以降は、参考書を積極的に買うようになりました。

子どもたちの参考書は、ほぼすべて私が選んで買ってくるようにしていました。

「子どもが自分で、好きなものを選んだ方がいいのでは？」と思う方もいるかもしれませんが、自分で選んだからといって頭に入るものでもありません。何より、子どもたちが選んでいる時間がなかなかないのです。その時間を暗記や問題を解くことに使った方がずっといい。「子どもが自分でやっても成果にならないものは、お母さんがやる」が、我が家の方針です。

「勉強の内容がわからないから、参考書選びはできない」と思うお母さんもいるかもしれませんが、大丈夫です。私も中学受験くらいまでは理解できましたが、東大入試の内容を全てわかっているわけではありません。それでも参考書や問題集選びはできましたから。

参考書選びのポイントは、勉強の基礎固めの段階では、できるだけわかりやすく、ページ数が多くないものを選ぶこと。最初のページから最後のページまで、それほどつまずかずにできることが大切です。最後までやると気分も良くなりますし、小高い丘の上に立って全体を見渡すことになるので、これからどこを中心に知識を深めていけばいいのかもよくわかります。やる気が湧いてくると思います。

これは料理のレシピ本を選ぶ感覚に似ています。同じ料理を作るのにも、工程がわかりにくいものやら、字が読みにくいものは、作る気がなくなってしまいます。「やってみたい！」と同時に、「できそうだ！」と思えることが大切です。

ママ友や塾の先生から情報収集をしたり、書店に足を運んで参考書コーナーをうろうろしたりして、私でもわかりやすいと思える参考書を探していました。

ただ、我が家の子どもたちは、私が買ってきた参考書や問題集の全部を気に入るわけではありません。特に三男は、挿絵が多かったり、装丁がかわいかったりするものは好きではないようでした。買ってきたものの中から、それぞれが気に入ったものを使っていたので、子どもたちがほとんど手をつけない参考書や問題集もかなりありました。

なかなかうまく選べないこともあるかもしれませんが、とりあえず気になるものを片っ端から買ってみましょう。参考書や問題集に使うお金は、ケチってはいけません。そのうち子どもの興味を引くツボが、わかってくるはずです。

長男、次男は、基本的に参考書や問題集を自分で買ってくることはありませんでしたが、凝り性の三男は時々、とてつもなくマニアックで分厚い専門書などを買ってきていました。じっくり物事を考えるのが好きなので、そこは見守ることにしていました。

〈長男から〉「化学の問題集が欲しいな」とポロッと言ったら、母はすぐに書店に行って、「受験化学」と名のつく参考書や問題集をありったけ買ってきてくれました(笑)。その中から自分に合うものを選んで使っていました。使わないものもありましたが、母は気にしていませんでしたし、参考書や問題集にお金を惜しむことはありませんでした。

薄い問題集を3回やって次のものに取り掛かる

基礎を固めるためには、まず薄い問題集を3周すると効果的です。薄いということは、基礎・基本が中心ということ。3周すれば足元はかなり固まるでしょう。学校のテストはこれで点数が取れるはずです。

センター試験はもちろん、東大の入試問題は、基本的には奇をてらったものはほとんど出ません。上品な良問ばかりです。だからこそ、基礎を固めることが大切です。

特に英語は単語帳や文法の問題集など、基本をしっかり押さえているものを選ぶようにしていました。英語とは、本当に地道な基礎の積み重ねでしか力がつかないものだからです。

基本を身につけた後に、より専門的で深い知識をつけることができる参考書と問題集に臨みます。基礎はできているわけですから、かなり理解できます。知識を積み重ねていく感覚が持てると思うので、勉強が楽しくなるはずです。

難しい問題集の場合、最後までできなくても、それほど気にすることはありません。

基礎の上に、さらに積み重ねたい部分だけじっくりやるものだととらえ、部分的にこなしていけばいいでしょう。

ちなみに、参考書も問題集も毎年新しいものが出ます。定番のものでも、受験情報が反映され、内容がどんどんアップデートされていきます。我が家は、長男と次男が年子でしたが、参考書の「お下がり」はしたことがありません。その時の最新のものを買って使わせるようにしていました。

単語帳は真ん中のページから　意味はひとつだけ覚える

英単語を覚える時は、まずは「これ」という単語帳を1冊決めます。パラパラとめくってみて4割くらいはわかるものがいいでしょう。あまりに難解なものではダメです。「まだ知らない残りの6割を覚えるぞ！」という気持ちになれることが大事なのです。

英語にはひとつの単語につき、いくつもの意味があり、単語帳にも複数の意味が書かれています。しかし、最初に出てくる意味をひとつだけ覚えて、次々と進めていきましょう。複数の意味を覚える必要はありません。

もちろん、すべて完璧に覚えるに越したことはありませんが、時間は有限で、覚えなくてはいけないことは山ほどあります。欲張ってすべての意味を覚えようとしていたら、結局、単語帳が1冊全て終わらないという事態に陥ります。これでは受験に勝てません。ひとつだけでいいと割り切ると、勉強はずいぶんと楽なものになります。子どもたちの受験を見ていても、それで十分に対応できましたから大丈夫です。

長男は暗記が得意だったので、英単語もさっさと覚えていましたが、次男は語呂合わせを書き込みながらやっていました。三男は、「単語の意味はひとつでいい」と知りながらも、語源などまで深く調べていました。その作業が好きで、特に苦にならないようなので、じっくりやるのもいいかと見守ることにしました。

また、英語に限らず、単語帳を1冊やり終えるにはコツがあります。100ページの単語帳であれば、真ん中の51ページから始めればいいのです。

1ページ目から生真面目に始めては、途中で力尽きます。51ページから始めると、最後の100ページが近い。最後のページを見て、気分よく1ページ目に戻るようにするのです。そうすると、単語帳の後半をマスターしている分、気楽に真ん中まで進められ、1冊も思いのほか、すぐに終わります。

この方法は、最初から始めなければ理解できないタイプの参考書や問題集には使えませんが、単語帳には有効です。

そして、英語や古文の単語の暗記は、日々の隙間時間でやるもの。時間をかけすぎてはいけません。

夕食後は勉強の「ゴールデンタイム」

それぞれの教科にふさわしい勉強法があるように、それぞれの勉強法にはふさわしい「やりどき」があります。たとえば、食事が終わって寝るまでの数時間は、思考力をふんだんに使える上に、まとめて勉強時間を確保できる「ゴールデンタイム」。こんな時は、じっくり腰を据えて問題集などをやるのがよいでしょう。

次男が高校3年の9月頃、この大切なゴールデンタイムに、イスをギコギコ揺らしながらふんぞり返って古文の単語帳をめくっていたことがありました。2時間近くその姿勢を続けているので、「あなたね、違うでしょ。今は、もっと思考力の必要な問題集をやりなさい」と言いました。

次男は「でも古文単語をやらなければいけないんだ」と抵抗していました。ですから、次男が眠っている間に、覚えなければいけない単語を1ページにひとつずつ大きな字で書いたノートを作っておきました。

翌日から、他の勉強が終わった休憩時間に、「15分」と決めて次男がノートをめくり、私は手元に単語帳を持って、これは何、次は何、と順にページをめくりました。重要だなと思うものは、次男がノートに加筆したり、私が詳しく説明したりしながらやっていたら、3日後には全部覚えてしまっていました。次男も「あ、こんなもんか」なんて言ってましたね。

暗記はたっぷり時間をかけるものではなく、15分から20分でキリをつけなければいけません。スケジュールに組みこむ時は、勉強と勉強の合間のリフレッシュとして取り入れるといいでしょう。

英検準1級に中学時代から挑戦する

英検は英語学習の素晴らしい教材です。レベル別に分かれていて習熟度がわかりますし、筆記とリスニングがあり、体系的に学ぶことができます。最近はTOEIC®を受ける方も増えているようですが、受験との相性のよさからも、我が家はもっぱら英検派でした。

受験英語と照らし合わせると、東大の英語は、英検準1級があれば十分です。逆に言えば、東大を受けるのであれば、準1級は必須です。だから我が家の4人も準1級までは取得することを目標にしていました。学校行事や部活の試合と重なってしまって、思うように進まない時もありましたが、「準1級までは必ず」と明確に目標を決めていたので、妥協することはありませんでした。

長男は中1の時、初めて英検の3級を受験しました。その時、東大レベルを体感させようと思って、準1級も併願させました。3級に合格して次に2級を受ける時も、準1級と併願しました。時間の負担は相当なもので、大変そうでしたが、モノは試し。

長男は、私が提案したことを、とりあえず素直にやってみてくれたので、少なくとも4回は併願させたと思います。

3級や2級レベルの子が準1級を受けても、当然ながら合格しません。ですが0点ではないんです。そして、何度か挑むうちに、だんだん点数が上がってくるのが楽しくて。「あれ？　もう少しじゃないの、いけるかも」と思えたらしめたもの。俄然、面白くなってくるようでした。東大レベルを実感させる方法として、この併願作戦は本当にオススメです。ただ、難しすぎる問題をやって子どもが英語嫌いになっては本末転倒ですから、嫌がるようだったら無理にやらせる必要はありません。

この併願作戦のおかげで、我が家の子どもたちは、めでたく高校3年の受験期を迎える前には、英検準1級に合格することができました。

〈長男から〉英検は常に、受ける級より難しい級とセットで受けていました。当然、落ちるのですが、母は「とりあえず受けるだけ、受けてみなさい」と言っていました。何でも試してみてから判断するのが母。最初から「どうせダメ、やる意味がない」という発想は、英検に限らず一切なかったように思います。僕自身、自分の実力を知ることは大切だと思っていたので、進んで受けるようにしていました。

英語は最初に日本語訳を　古文・漢文は現代語訳を読む

英語の長文や古文・漢文は、そのまま読んでもすぐに理解できるものではありません。とくに学習の初期段階では何が書いてあるのかよくわからないので飽きてしまい、勉強に身が入らなくなってしまいます。

その場合、日本語訳や現代語訳を最初に読み、大意をつかんでから問題に着手するとよいでしょう。我が家では、私が日本語訳や現代語訳を読みあげてから子どもが改めて問題を解くというスタイルが定着していました。英文も古文・漢文も、問題について いている解説に訳文が書かれています。私がこれに事前に目を通しておき、場合によっては解説を加えながら音読していきます。すると、子どもたちの理解が早まり、難なく原文を読みこなし、問題を解けるようになるのです。

何も見ずにとにかく自力で解く、というのが正統派のスタイルだとは思いますが、それにこだわったところで、時間がかかって疲れるばかりで非効率です。「正しいやり方」にこだわる必要はありません。

ただし、受験本番では先に訳文を読むわけにはいきませんから、高校3年になったら最初から英語の長文や古文・漢文を読みこなすことに慣れる必要があります。きちんと学習を積み重ねていけば、受験前には子どもたちもだいぶ実力がつき、訳文なしでも無理なく読みこなせるようになっていました。

現代文は解き方のコツを知る

現代文の問題は、量をこなすより、解き方のコツを知ることが大切です。

大学受験の現代文の問題は、人種を超えて仲良くしよう、戦争はダメだ等々、常識的な大人の理屈に沿った内容が出ることが多いです。ですが、受験生はまだまだ社会を知りませんから、大人の理屈がわからず、点数を落としてしまうのです。

次男と一緒にセンター試験の現代文の問題を解いたことがありました。次男は長文を読み、私は読まないまま、同じ問題を解いたら、私のほうが点数が高かったのです。次男は「えええーっ」と言ってびっくりしていましたが、意外とそんなものです。

つまり大人の価値観、理屈がわかれば高得点が取れます。そこでオススメしたい参考書が、『出口汪 現代文講義の実況中継』シリーズです。この本には、そのポイントが非常に的確に書かれているわけです。

もともと私が読もうと思って買ってきたものでしたが、三男が何げなく手にして、ごろんと寝転びながら読んでいたら、「これ、面白い」と言って、最後は姿勢を正して夢中で読んでいました。そこで、出口先生の参考書を何冊かそろえ、何度か繰り返しやることにしました。おかげで三男は現代文の心配が一切なくなったのです。

センター試験と2次試験ともに、点数が取りにくいのは国語です。実力をつけるのに時間がかかりますから、早め早めに準備を始めることをオススメします。

紙の辞書より電子辞書

我が家では、子どもが中学1年生になった頃からそれぞれに電子辞書を持たせていました。

紙の辞書に、いろんなメリットがあることは知っています。調べる過程で周辺の単語が目に入るので、繰り返すと知識が幅広く蓄積されるといわれますし、長男が灘中に入学した頃は、灘でも紙の辞書をすすめられました。

しかし大学受験は時間との闘いです。紙の辞書をペラペラとめくって、該当の箇所を探す時間も、ほんの数秒でしょう。けれど、それを何度も何度もやると疲れますし、無駄な時間が積み重なることにもなってしまいます。調べたい単語がすぐに出てくる電子辞書の方が効率的です。最近の電子辞書は画面がカラーできれいですし、英単語を美しく発音もしてくれます。

勉強する時に、「自分で辞書をめくった」「自分で単語帳をつくった」ことにこだわる必要はありません。効率化できるところは、してしまいましょう。

ちなみに我が家の3兄弟で、もっとも電子辞書を活用したのは、調べ物が大好きな三男でした。高校を卒業するまでに3回壊れ、買い替えました。長男の電子辞書も中学3年生の頃に壊れて、最新のものに買い替えました。しかし、次男の電子辞書だけは、なぜか高校卒業まで一度も壊れないまま。性格の違いが、こんなところにも出ていますね。

大学のオープンキャンパスは第1志望だけで十分

大学のオープンキャンパスは、何だか楽しそうな響きがします。キャンパスに通っている自分をイメージすることは、特に勉強に行き詰まった時には有効です。地元から遠い大学を志望していたり、志望校に通う先輩が身近にいなかったりする場合などは、足を運ぶ価値はあります。

ですが、あちこち行くのは時間のムダで、あまり意味がないと思っています。中学受験であれば、まだ心身ともに未熟な子どもが6年間通う場所ですから、いくつかの学校を見学した上で子どもに合いそうな学校を選ぶのもいいと思いますが、大学は自分の偏差値で届く一番良い学校を目指す、というのが我が家の考え方。いくつも見ても仕方ないように思います。

我が家の場合、長男は「別に必要ない」と言って行きませんでした。けれど、次男は「行く行く！」と大張り切り。友達と東京に行きたいだけであることは明らかでしたが、旅行業者が斡旋している往復の新幹線代とホテル代がセットになって2万円というパックプランで、友達5人と一緒に行かせることにしました。なぜかカバンにゲーム機を入れて出かけていきました。高校2年の時です。子どもたちだけでは心配だったので、お母さんがひとりついていってくれて、実況中継してくれたのですが、「今、新幹線に乗りました。みんなゲームをやってます」と写メールが送られてきました。東大のキャンパスでは、灘の同級生にいっぱい会ったそうです。モチベーションも高まったようでした。

三男は、長男と次男が東京で暮らし始めたマンションを家族で訪ねた時に、少しだけ東大ものぞいたので、オープンキャンパスには行きませんでした。

オープンキャンパスは、夏休みに開催されることが多いようで、東大の場合も8月の初旬ごろだったと思います。高校1年か2年の時に行く子が多く、受験直前というわけではないので、子どもが行きたいというのであれば、行かせてあげてもよいでしょう。ただ、行くのは第1志望の大学だけで十分な気がします。

第6章　東大の目指し方〜王道以外にも道はある！

我が家の子ども4人が東大理三を目指した理由

4人の子ども全員が東大理三に合格したので、講演をしたり取材を受けたりしている中で、「子どもを東大に入れたい」と願う親御さんへのアドバイスを頼まれることがあります。東大合格という目標にたどり着くまでには様々な道があると思いますが、ひとつ言えるのは、東大をずっと憧れの大学にしていると、合格できないということ。難易度は高いけれど、目指せる大学ととらえ、具体策を講じることです。その際、やみくもに走るのではなく、正しく努力することが大事です。

でも、何よりも大事なのは、親と子が同じ方向を向いていること。そこで、東大受験の勉強法や対策を説明する前に、4人の子どもが東大理三を目指した経緯からお話しします。

誤解してほしくないのですが、私自身が子どもたちに「東大に進学してほしい」とか「医者になってほしい」などと言ったことは一度もないですし、思ったことすらありません。子どもたちが幼い時から教育費は惜しまず、全力で子どもたちの勉強をサポートしてきましたが、それは「将来、子どもたちが本当に進みたい道に進むために必要なものは、基本的には教育しかない」という思いからです。

子ども自身が望んだ進路で、ベストな選択ができるようにサポートしてきたのです。全ては、子どもの能力を最大限に伸ばしてあげたいという思いからしてきたことで、決して私が「子どもに東大に入ってほしい」と思っていたからではありません。

ご家庭によっては、子どもがまだ幼い頃から、親の希望を子どもに話すかもしれませんが、それが子どもにとってはプレッシャーになってしまうこともあるでしょう。また、親が希望する進路が子どもに向いているとは限りません。

親が子どもの進路の相談に乗るのはいいと思いますが、親の希望を伝えると、子どもは「親の希望をかなえてあげたい」と、本心とは違う進路を選択してしまうこともありえます。ですから、子どもの意思を尊重するためにも、親が「将来○○になってほしい」と子どもに伝えるのは控えるべきだと私は考えています。

我が家の場合、主人は弁護士でしたので「子どもたちの誰かに弁護士になってほしい」という気持ちは、心の中にはあったようです。しかし、主人がそれを口に出さないように、子どもが生まれた時から、私は「子どもたちに、『弁護士になってほしい』とは絶対に言わないでね」と主人に話してきました。

我が家の子どもたちは勉強ばかりやっていたと思われがちですが、長男はサッカー部、次男は軟式野球部、三男は卓球部とスポーツにも熱中しました。長男と三男は高校でも同じ部活動を続けました。長女は中学時代は水泳部でした。しゃべることが好きだった次男は、高校時代は友達と漫才コンビを結成して、文化祭で漫才を披露しました。それぞれが学校生活も十分に楽しんでいたのです。ただし、定期テストの勉強はしっかりとやっていましたが。

その4きょうだいがなぜ、東大理三を目指すようになったのでしょうか。もちろん本人たちの意思ではありますが、環境の影響も大きいと感じています。灘高では高2になるときに文系と理系に分かれます。息子たちは小学生の時には算数が好きで、中学入学後も数学や物理、化学など理系科目が得意だったため、理系を選択しました。灘高は東大と医学部の合格者が多く、毎年東大理三の合格者数は日本一です。運動部の先輩が東大理三に合格すると、息子の身近なロールモデルになりました。東大に進学した後も息子にアドバイスをしてくれたようです。

さらに、息子たちの周りには、東大理三を目指す友人も多かったため、いい刺激を受けて切磋琢磨しながら、高2ぐらいからごく自然に東大理三を志望するようになりました。やはり、子どもにとって学校という環境の影響は大きいと思います。

長女が東大理三を志望したのは、兄たちの影響が大きかったようです。長女が洛南高等学校附属中学校に進学した年に、長男と次男が東大理三に進学しました。さらに、高2だった三男も東大理三を目指していたため、娘は中1の時から、長男と次男が進学し、三男が目指していた東大理三に進学したいと思ったそうです。こうした家庭環境の影響も大きいですね。

現在は、長男は整形外科医、次男は内科医になり、三男と長女は医学生として毎日を忙しく過ごしています。最近は家族6人で集まることは少なくなりましたが、4人の子どもたち全員が、自分たちの意思で選んだ道に進み、充実した日々を送っていることをうれしく思っています。

王道は中高一貫の進学校に通わせること

進路を決める上で、本人のモチベーションや意思に対する周囲の影響は大きいといえますが、環境から受ける恩恵はそればかりではありません。例えば灘の先生方は、東大入試を熟知されています。ですから、効果的な勉強法や受験対策も自然と学び、身につけることができるのです。

東大に合格するためには、いわゆる王道があります。

雑誌やネットで「東大合格者数ランキング」に出てくる高校をチェックしてみてください。近年は、東大、京大、医学部のランキングの上位は、ほとんどが中高一貫校。ですから、小学校3、4年生の2月頃から中学受験塾に通わせて、東大に進学実績がある中高一貫の進学校に進学させることが王道といえるのです。

我が家の4人の子どもも、結果的にこの王道を歩んだといえます。1歳頃から4人の子どもたち全員を公文の教室に通わせましたが、中学受験塾・浜学園に通う時に公文はやめました。浜学園に通い始めた時期は、3人の息子たちは小3の2月から、長女は小1の2月からです。中学受験をして、息子たちは灘中・灘高に進学。娘は洛南高等学校附属中学校、洛南高等学校に進み、4人とも東大理三に進学しました。

しかし、住んでいる地域によっては、自宅から通える名門の中高一貫校がないというケースも少なくありません。寮がある中高一貫校に進学する、親戚の家から名門の中高一貫校に通う、といった選択肢も考えられます。寮生活や親戚の家での生活を選ぶ場合には、お子さんの意見もよく聞いて、そのような生活が向いているか、よく考えて判断してください。中学生はまだまだ子どもですから、親元を離れた生活を送ることになった時には、子どもと頻繁に連絡をとり、できるだけ会いに行ってほしいですね。

それでも、王道を歩むのが難しい場合はどうすればいいのでしょうか。親のあなたが合格への道をつくればいいのです。次からはその方法を、順を追ってお話しします。

諦めないで！　王道以外にも道はある

中高一貫校に通える親戚の家や、中高一貫校に通わせる経済的余裕がない場合には、「ないものは仕方ない！」と割り切ることです。王道を選択できないのなら、公立高校から東大に合格する道を親がつくってあげればいいのです。まずは、その都道府県でトップの公立高校への進学を目指してください。

中学受験をしない場合、中学受験塾に通う必要がありませんので、小学生はその時間を英語の勉強にあてるといいと思います。英検Jr.や英検を受けるなどしておくと、中学での英語の勉強がスムーズに進みますし、高校受験で有利になります。

さらに親は、それらのトップの高校に合格するための具体的な情報を集めてくださ い。公立高校の入試で内申書がどの程度重視されるかは、自治体によって異なります。中1の4月の保護者会の時に、担任の先生に内申書について尋ね、お子さんにその情報を伝えてください。ほとんどの公立高校が、学業以外の活動も評価しますので、定期テストを頑張るのはもちろん、部活動や生徒会活動、学校行事にも積極的に参加しましょう。遅刻をしないこと、提出物をきちんと出すことも大切です。

並行して、公立高校から東大に合格するために必要な情報を収集しましょう。幸い、今の時代、どこにいても情報を集めることができます。東大に入るには、何をどれぐらいやればいいのか、具体的な情報を親が集めて、整理するのです。

情報がない時、東大までの道には濃い霧がかかっていて、地面はでこぼこで草がぼうぼうと生い茂っていて、歩きにくい状態です。親が情報を集めて、分析することは、生い茂る草を刈り、邪魔な石を取り除いて、子どもが歩きやすい道に整備することなのです。すると、目の前の霧が晴れ、東大までの道が見えてきます。

例えば、公立のトップ校といっても、それぞれの県などによって東大の合格者数はかなり開きがあります。「東大合格者数ランキング」などを見て、自分が住む県等のトップ校の合格者数をチェックしてください。他県と比べて多くない場合には、まずはそのことをはっきりと自覚しましょう。

自分の子どもが東大合格に必要な学力に達しているかどうかは、予備校が夏と秋に実施している東大模試の結果である程度知ることができます。高3レベルの模試ですが、高1の時に1回、高2で2回ぐらい受けさせるといいでしょう。東大までの距離がわかります。高3では4回以上受けて、A判定かB判定を目標にしてください。東大合格者数があまり多くない高校の場合には、A判定を取ってほしいですね。

B判定以下の場合には、どの問題で点数を取ればよかったのかを見直してください。「この問題で得点できていれば、ひとつ上の判定だった」とわかると、東大合格への距離感がつかめて、子どももやる気が出てきます。

合格体験記は情報の宝庫

情報収集が大事とお話ししましたが、その方法としてオススメなのが、予備校が出している「合格体験記」の熟読です。予備校から合格体験記を取り寄せるほか、ネットで検索することもできます。

合格体験記は、東大合格者がいかにして合格を勝ち取ったかが具体的、かつ細かく書かれている「情報の宝庫」です。特殊なケースもありますので、たくさんの合格者のノウハウを知ることが重要です。私は100人以上の合格体験記を読みました。じっくり読み進めながら、勉強方法、長期的なスケジュール、1日のスケジュール、部活動をやめた時期、通った塾、オススメの参考書や問題集、親にやってもらってよかったことなど、参考になるところにはどんどん付箋を貼りました。

合格体験記をたくさん読むと、「このくらい本気で勉強しなくては合格できない」ということがわかってきます。すると親は覚悟を決めることができるんですね。また、お子さんに対しても、ただ「勉強しなさい」「頑張りなさい」と励ますのではなく、「多くの合格者はこの問題集を使っていた」「部活はいつ頃やめた人が多い」など、具体例を出してアドバイスすることができます。

なお、大学受験の合格体験記は合格者が書きますが、「親子の受験」といわれる中学受験には、親の合格体験記もあります。合格するために、親が何をしたかはとても参考になります。ただし、親は、合格してしまえば大変だったことなど忘れて、「あまりやっていません」などと言うこともあるため、半分差し引いて読むといいかもしれません。

過去問と東大模試の問題をひたすら解く

王道を歩む場合でも、それ以外の道でも、必ず見てほしいのが東大の過去問集です。教科ごとに頻出分野や出題傾向などを分析していますから、親も東大入試の傾向をつかんでおきましょう。

東大に合格するためには、できるだけたくさんの過去問を解くことが大切です。解けば解くほど、合格の可能性が高まります。我が家では、東大模試と東大模試の過去問集を息子たちは20〜30回分、長女は100回分解きました。

東大の入試問題は、レベルは高いけれど、良問ばかりです。まずは基礎学力をしっかりと身につけて、徐々に難易度の高い問題も解けるようにしましょう。

中学生の時に東大受験生が解く問題集を買ってみるのもオススメ。英語や現代文が得意なら、チャレンジしてみましょう。その時には解けなくても、東大入試のレベルを知ることも大切です。

勝負に勝つには相手を知る　入試の仕組みは早めに把握

志望する大学に合格するためにはどんな勉強が必要か、事前に知っておくことはとても重要だと思います。灘では、卒業生の多くが東大へ進みます。ですから、自然な流れで子ども自身も私も把握することができました。

東大は2008年度入試から理三、16年度入試からは全科類で後期日程を廃止しました。敗者復活戦がないわけです。一発勝負に負けないように心を整えておく必要がありますが、これは経験上、これだけやったのだから大丈夫、と自信をつけるしかありません。一つひとつ勉強を積み重ねていくしかないわけです。

2021年からは大学入学共通テストとなりますが、東大理三への合格を目指すのであれば、センター試験ならば9割取ることが目標になります。900点満点ですから810点です。ただ、「9割」と聞くと、なんだかとてつもなく高い山を登らなければならない気がしますから、まずは第1段階選抜合格点をできるだけ高く超える、という気持ちでいいと思います。

2次試験は、過去問で傾向を押さえることが大切です。これは、東大に限らず、私立大学でも同じです。我が家の4きょうだいが本格的に東大の過去問に取り組み始めたのはセンター試験が終わってから2次試験までの1カ月間でしたが、過去問は早い時期から入手していました。過去7年分が収録された『東京大学　理科Ⅰ前期日程』の赤本のほか、25年分が収録されている教科別の赤本（当時）も入手しました。

東大には、東大の癖があります。東大理三を目指して勉強を続けてきたのに、自信がないからといって受験直前に他の国立大学の医学部に進路変更をしても、うまくはいきません。私立も同様です。早稲田、慶應などと併願する方であれば、それに応じた対策もしなければなりません。これが中学受験と大学受験の大きな違いです。中学受験はトップを目指して勉強していれば、第2志望、第3志望の学校にも対応できますが、大学入試はそういうわけにはいきません。東大に限らず、各大学の特徴は、子ども自身が過去問と対峙してつかんでいくしかありません。

我が家は、最初から東大のみを目指し、他の国立大学に進路変更することも私立大学を併願することも、考えませんでした。次男が高校3年生の秋の東大模試でC判定を出した時に「理三を受けるのをやめようかな」と言いだしたことはありましたが、それも一瞬のこと。すぐに気持ちを立て直し、勉強に邁進していきました。

「東大理三」というブレない目標があったからこそ、勉強に集中できたのであり、「浪人してもいい」「他の国立大学でもいい」という気持ちがあったら、こうはいかなかったと思います。

〈三男から〉 受験は最後は精神力で決まります。僕の時になると、母は「このくらいやれば理三に受かる」というのがわかっていたようです。僕は兄2人がすでに理三にいましたし、経験豊富な母もいたので、最後まで逃げない心の強さは持っていたと思います。理三が身近なものであったことと、母に「これだけやったら大丈夫」と言われたことは本当に支えになりました。

模試の問題は最後の40日間で再挑戦する

3兄弟が初めて大学受験の模試を受けたのは、いずれも高校2年生の2月でした。長女は、中3時から高3レベルの模試を受けていました。年に1回程度ですが、ちょっとしたイベント気分でしたね。物理、化学はほとんど解けませんが、英語と数学の習ったところは解けるから不思議と点は取っていました。

当時は高校3年生になると、5月に駿台、7月に代ゼミ、9月に河合塾と駿台、10月に河合塾の模試を受けました。これとは別に夏になると、東大向けの模試「東大即応オープン」「東大入試実戦模試」「東大入試プレ」の三つの模試を受けました。この三つは11月にもあり、この時期になると毎週末、どこかへ模試を受けに行かなければならないので、本当に大忙しでした。

模試はあくまでも模試。結果に一喜一憂する必要はありません。弱点が見つかれば、そこを補強すればいいのです。数点足りないだけで自信をなくして、志望校のランクを下げるようなことをする必要はありません。といっても、明らかに届かないとなると話は別です。特に受験が近づいてきた段階での模試の結果は重要です。直前の模試が悪くても、頑張れば間に合うこともありますが、それまでの蓄積がないと感じられるようだったら、志望校変更も考える必要があるのかもしれません。

我が家では次男が高校3年生の秋の模試の一つで「東大理三：C」判定でした。合格可能性は50％です。この判定結果が届いたのは12月上旬。センター試験まであと1

カ月半、2次試験まで2カ月半の時間を最大限に活用するために、スケジュールを立て直しました。

次男に聞くと、センター試験のみの現代社会が不安だと言います。過去問をやらせてみると50点ぐらいしか取れません。全体で9割取るのが目標ですから、これでは足を引っ張るだけ。次男はさすがに弱気になっていましたが、英語や数学はそれなりに点数が取れていましたし、理科の勉強も積み重ねてきたのですから、「やるしかないと腹をくくろう。それに、あなたの性格だったら、進路変更してもうまくいかないよ」と、頑張ることにしました。次男の場合、性格的に浪人しても勉強しないだろうという思いもありました。この時のC判定が、次男に危機感を抱かせ、勉強計画を見直すきっかけとなり、結果的に東大理三合格につながったのだと思います。

また、私は子どもたちが受けたすべての模試をクリアケースに入れて保管していました。特に東大向けの模試は、センター試験から2次試験までの40日の間に再挑戦してみましょう。傾向がつかめるので効果的です。三男は、兄が受けた模試も解くことができたので、ずいぶん役に立ちました。東大模試の過去問は数年分が冊子になって販売されているので、それもぜひ活用してください。

赤本は新しい過去問から取り掛かる

過去問題集、通称・赤本はどれも非常に分厚く、前半が問題、後半が解説になっています。これを子どもが自分でめくるのは、効率が悪い。間違えたところの解説を探すのに手間取ってしまいます。

そこで私は、1冊の赤本を問題と解説に分けてカッターでばっさり切りました。問題はさらに、年ごとに切り分けて、ホチキスで留めます。どの年の問題か一目でわかるように、背表紙のところにカラーテープを貼ったり、付箋をつけたりして色分けします。そして第1問の上あたりに、問題を解く予定の日付を書きます。解説には、年ごとにインデックスをつけて、該当箇所がすぐに開けるようにしておきます。これで完成です。

また、取り掛かる時は新しい過去問から始めるのがポイントです。年々傾向は変わ

問題は年ごとに切り分けてまとめ、カラーテープで色分け

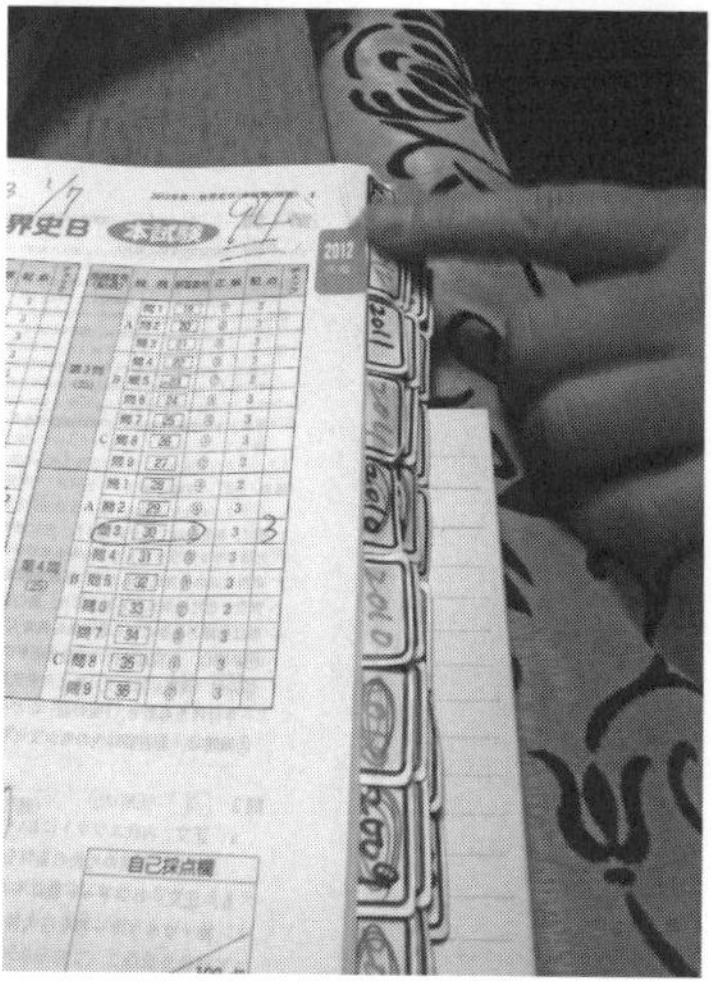

解説には年ごとにインデックスをつけ、すぐに探せるようにする

りますから、古いものからやっていては最新の傾向はつかめません。また、時間の感覚をつかむまでは、本番と同じ時間設定にして解きましょう。

私は子どもの横に控えていて、解き終わったものをすぐに採点していました。間違えた箇所は色鉛筆でマークして、解答部分も同じ色鉛筆でマークしていきます。紙が薄いので、ペンではなく色鉛筆が便利です。２回目に間違えたら、違う色でマークするのですが、要注意問題としてノートにも書き出すようにしておきます。そして、子どもに「返却」。間違えた箇所と、その解説が一目でわかるので、勉強がとてもテンポよく進みます。受験直前には、ノートを見返して最後の復習をしていました。

切り分けた問題の表紙には解いた日付と点数も書いていきます。点数を書く一覧表も用意しておくと、やるたびに伸びていくのがわかるのでモチベーションが上がります。

また、「今日は２００８年から05年まで」「明日は04年から01年まで」など、具体的な計画を立てて確実にこなしていくことが大切です。

〈三男から〉母が赤本を年度ごとに製本し、採点までしてくれたおかげで、とてもテンポよく勉強が進みました。間違えた問題を目立つ色で囲んだり、教科書の該当部分を開いてくれていたりしたので、見直しもとてもスムーズでした。特に、東大の過去問はやればやるだけ、学ぶことや気づくことがあります。1回2点の上積みでも35回やれば70点の上積みになります。

センター試験の「社会」は12月から一気に仕上げた

2020年度から始まる大学入学共通テストは、英語の民間試験活用も国語と数学の記述式問題の導入も見送られましたが、新しいテストであることは確かです。これまでのセンター試験は良問ばかりだったので、その過去問は受験勉強のとてもいい教材になります。また、センター試験に対する考え方やその対策を知っておくことは無駄にはなりません。

センター試験では、私大入試のように、深い専門知識を問うような問題は出ませんでした。教科書に載っていることをきちんと押さえておけば大丈夫。つまり、東大の

2次試験用の対策をしていれば、おのずとセンター試験に出題される問題を解く実力は身につきました。ですから我が家で「センター試験対策」といえば、それはセンター試験のみの科目、つまり「社会」を指しました。そしてセンター試験対策に本格的に取り組むのは、高校3年の12月、つまりセンター試験の約1カ月半前からです。

高校3年生になると5月から11月末までは東大模試が続きますし、2次試験にもある理科の勉強などに時間を割いていました。もっと早めに取り掛かれたらよかったのですが、模試などでバタバタしているので中途半端にやっても意味がないと思い、一気に仕上げることにしたのです。

長男と次男は、現代社会を選択しました。範囲がそれほど広くありませんし、覚えやすく、負担が少ないからでした。ところが三男の時には現代社会が選択できなくなり、世界史にしました。

次男の時には、とにかく過去問を解かせることにしました。次男は国語のセンター試験も不安だと言うので国語の過去問も並行して進め、1日に国語は2年分、現代社会は3年分の過去問をやると決めました。まず、次男がいつ、どの過去問に取り組むのかを決めました。最終的に、23年分のセンター試験を現代社会は2回、国語は1回やりました。その後、市販のセンター試験模擬パックも解きました。これも同じように私がマルつけをして、間違えた箇所はマークしていきます。毎日続けていると、次男が「国際関係」の所が弱いことが浮き彫りになってきました。

弱点がわかったら、その部分の参考書の音読です。私が読み、次男が読み、耳でインプットしていきます。いくつもの国が介入する紛争に、宗教問題が絡み、非常に複雑な歴史が繰り返されている部分です。センター試験は選択式。正しく国の名前を書く必要はありませんから、音読が最適です。音読をしたら、また過去問に戻り、さらに音読。12月31日には「なんとか大丈夫」と言えるまでのレベルに持っていくことができました。

1月に入ったら、過去問の3周目に入りました。ここで完璧に仕上げて、いざ本番へ。結果は目標通りの点数で、うれしかったです。センター試験のみの教科は、早めに始めるよりも、こうして一気に覚える方が効率的だなと実感しました。

三男とは、12月になる前にどうやって勉強するかを相談しました。世界史の勉強法は2通りあります。時代ごとに横軸で進めるか、国ごとに縦軸で進めるか。三男は国ごとにやりたい、と言ったので、国や地域別に学べる参考書を探しました。

使ったのは『新版　世界各国史』（山川出版社）です。イギリス史、アメリカ史、中国史と国ごとに分冊になっていて、最適でした。これを何度も音読しました。次男と同じく、私が読むこともありましたし、三男が読むこともありましたが、手で書いて覚えるより疲労が少ないのは明らかです。正解を知っていることが重要ですから、耳からどんどん知識を入れていきました。

音読の合間には1問1答式の問題集をはさみ、知識を確認していきます。2冊同じものを用意して、1冊には私が答えをどんどん書きこみ、三男はもう1冊の方を持って順に答えていくスタイルをとっていました。この時はたいてい、三男はクッションの上にごろんと寝転んでいました。間違えたら、私の解説を「ふんふん」言いながら聞いていましたが、身体はリラックスしている状態でした。ずっと机に向かっていると疲れてしまいます。ラクな姿勢が一番でしょう。

仕上げはやはり過去問です。赤本「センター試験過去問研究　世界史B　23年分」を最低3回は繰り返しました。そうすることで、どこがポイントかがわかってきます。

3回間違えたキーワードは紙にカラフルなペンで書いて、壁に貼り出します。これは私の役割です。さらに、国ごとに間違えやすいポイントをまとめたオリジナルノートも私が作りました。最後の復習に役立ちますし、オススメです。

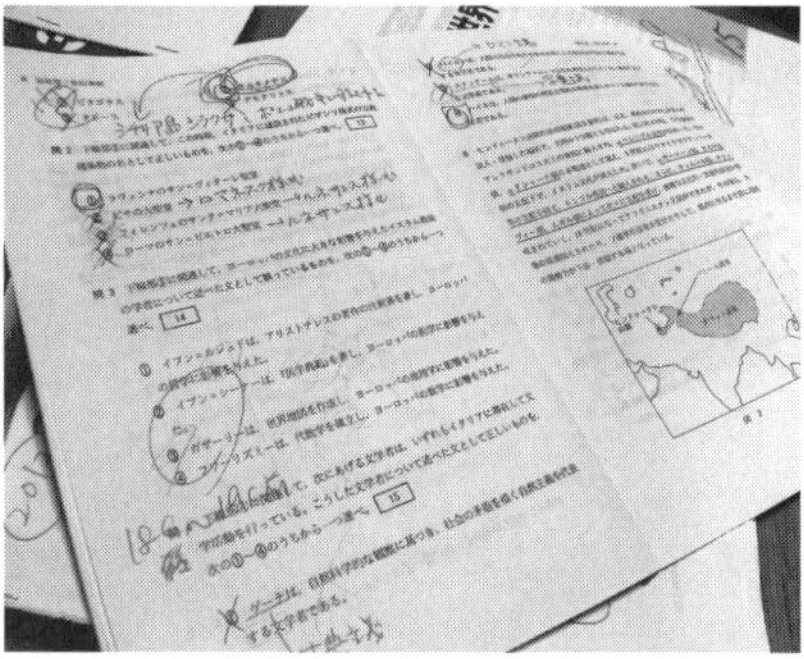

三男が解いた世界史の過去問。母がマルつけをし、注意点や解説も書きこむ

この調子で、1日15時間くらい世界史だけやっている日もあったほどですから、かなり一気に追い込みました。朝早くに仕事に出かけた主人が、夜遅くに帰ってきたら、まだ世界史をやっているのを見て、さすがに心配になったのか、「大丈夫、大丈夫?」とこっそり聞いてきたほど。「あ、大丈夫、大丈夫。気にしないで」と軽く返事をしましたが、普段、本当に口出しをしない主人ですから、世界史ばかりやっていることが少し不安だったのでしょう。

〈次男から〉 センター試験の国語と社会で9割取るのは至難の業。他の科目で9割超えて、全教科でならした時に9割くらいになるようにすればいいと思っていました。できる限り、国語と社会の落ち幅を減らすイメージです。国語のセンター試験対策で最も有効なのは過去問です。古文と漢文だけではなく、現代文も徹底的に反復しました。現代文は、反復しても意味がないように感じている受験生も多いようですが、何度もこなすうちに、論理的な思考ができるようになり、答えを導き出しやすくなるのがわかるはずです。

〈三男から〉 受験を終えて思うのは、センター試験対策は過去問をやるだけでは限界があるということです。やはり間違えたところは参考書を丁寧に読み直しながら勉強する必要があります。数回はやる必要がありますし、その時に間違えた部分は2回目以降でチェックしなければなりません。回数を重ねれば知識はよりいっそう定着するということです。

佐藤ママの子育てコラム⑥

「願掛け」「神頼み」よりも有効だったこと

大学受験の本番が近づくと、親も子どももソワソワと落ち着かなくなってくるご家庭は多いでしょう。毎日頑張って勉強してきたけれど本当に大丈夫だろうか、落ちたらどうしよう……。

そんな不安な気持ちを落ち着けるために、神社にお参りに行ったり、パワーストーンを買ってみたり。焦って、いろいろ手を出してしまうこともあると思います。いわゆる「願掛け」です。

しかし、受験において大切なのは、毎日、毎日、決めたことを淡々と丁寧にやりながら過ごすことなのです。

朝起きたら、その日の24時間を上手に使うことだけを考えるのです。食事、学校、塾、帰宅後には社会の問題集の15ページから20ページをするというように具体的にやると決めてあることをひとつずつこなしていくだけ。昨日のことは忘れる。明日のことも考えない。今日のことだけ考えよう。私は常にそう言っていました。「願掛け」など特に変わったことはせず、1日1日を重ねていく方が、落ち着いた気持ちで当日を迎えることができるのです。

大学受験前の最後の3カ月は、とても焦ります。けれど、落ちたところで命まで取られるわけじゃありません。志望校を決めたら、腹をくくりましょう。落ちた時のことばかり考えて、肝心の勉強に手がつかなくなれば本末転倒です。受験の前々日まで、いつも通りやるべきことを終えることができたら、それが何よりの自信になります。受験前日には、子どもたちには「なるようになるさ」と明るく声をかけていました。

試験会場近くのホテルは1年前から確保する

受験する大学が自宅から遠い場合は、ホテルの手配をしなくてはなりません。受験のためのホテルの予約は、親の仕事です。子どもたちは勉強で手いっぱいですから、親が早めに準備をしておきましょう。

2次試験用のホテルは、灘ではだいたい夏に予約をする人が多かったようです。でも、日々の忙しさに追われて忘れてしまっては大変。東大を受けると決めていたこともあり、東大入試が終わった翌日には、東京ドームホテルを予約することにしていました。

東大理科一、二類の入試は本郷キャンパスで、三類は本郷キャンパスに隣接した弥生キャンパスで行われます。東京ドームホテルからは、徒歩20分、車で5分程度の距離です。長男の最初の受験から使っていたホテルなので、私も慣れていて安心です。

予約を入れた後は、3カ月に1回ぐらい、定期的にホテルに電話を入れて、「佐藤です、予約は間違いなく取れていますか？」と確認していました。何かの手違いか、コンピューターの間違いがあるかわからないので、予約を入れただけでは不十分です。

長男の受験が終わった翌日、来年は年子の次男が受験なので、私の分と合わせて2人で予約をしました。そして、夏前に確認の電話を入れたら、2人のみで予約していたことを思い出したのです。長男の再受験のために、追加するのをすっかり忘れていたわけです。確認してよかった！と、心からほっとしました。当日は無事に3人で同じ部屋に泊まることができました。

ギリギリまで受験先が決まらない場合もあるかもしれません。けれど、受験先が決まらないからといって、ホテルを予約しないでいるのは不安材料をつくるだけ。特に地方の大学を受ける場合、ホテルの数が少ないですから、直前に探しても大学から近い場所はほぼ満室でしょう。車で20分以上かかるようなホテルしか取れなかったら、当日の時間と労力が無駄ですし、雪が降ったり車がつかまらなかったりしたら大変です。受験先の候補が三つあれば、3カ所のホテルを早めに予約すればいいのです。受けないことが決まったら電話でキャンセルすればいいだけですから。

初めての場所であれば、子どもと一緒に試験会場を下見しておき、道順を確認しておくと安心です。試験の前々日にチェックインして会場の下見をし、前日は一日ホテルでゆっくり過ごす、というのが理想です。

受験当日はそれまでの集大成。万全の状態で迎えられるように準備しておきましょう。

試験前日は22時にはベッドに入る

3兄弟はセンター試験を、神戸市内で受験しました。会場までは奈良の自宅からでも間に合いますが、本番の朝はできる限り余裕を持って臨みたいもの。我が家では神戸市内のホテルを取って、私も同じ部屋で過ごすようにしていました。

前日は、過去問で間違えたところを重点的に見直します。数学や国語は前日に勉強して点数が伸びるというものではありませんので、主に現代社会や世界史などの社会に時間を使いました。

食事はお弁当屋さんで買って簡単に済ませます。お腹を壊しては困りますから、生ものや焼き肉は避けて、よく火の通った煮込みハンバーグ弁当などを選んでいました。

冬の寒い時期。ただでさえ、風邪を引くなど体調を崩しやすく、そこにお腹まで壊したら大変です。体調管理は万全にしておきましょう。

そして、22時にはベッドに入るようにします。なかなか寝つけなかったとしても、24時には眠れるでしょうから、とにかく早めに休むことが大事です。

当日は会場までは友人と連れ立って行くのですが、朝、ちゃんと起こしてあげることができるのも、親が一緒にいればこそです。

次男が高校3年の時のセンター試験は大変でした。次男は灘の同級生と一緒に神戸で受けるのですが、再受験の長男は、自宅のある奈良市内で受けることになっていました。さらに、長女の中学受験も同じ日！

さすがに私は長女に付き添わなくてはいけないので、次男には当時、高校1年の三男を付き添わせました。2人いれば、寝坊はないでしょうし、何か突発的なことが起きても何とかなりますから。長男は主人が会場まで送っていってくれました。家族みんなで山場を乗り切ったわけです。みんなが無事に終わって本当にほっとしました。

2次試験までは本番の時間割を意識して過ごす

東大の2次試験はセンター試験から約40日後の2月25、26日（理三のみ27日面接）。この期間の過ごし方は、とても重要です。気を緩めず、体調管理にも気を配りながら、かといって気負いすぎずに、決めたスケジュールを淡々とこなしましょう。

この時期、我が家の長男は、最初の年は自宅で自分で決めたスケジュールで勉強を進め、再受験の年には、大阪にある予備校の自習室に通っていました。朝9時に着くように家を出て、昼は私が持たせたお弁当を食べ、夜9時まで勉強して帰宅。その後、すぐに寝て、また朝に出かけていくというパターンでした。一方、次男と三男は自宅で勉強し、私もつきっきりで手伝いました。

3兄弟の勉強スタイルも場所もそれぞれでしたが、この時期大切なのは試験本番の時間を意識することです。試験問題を時間内に解くことはもちろん、実際に試験が行われる時間帯に集中力を高めるようにしなければいけません。

三男は、食べたらすぐに眠くなるタイプでした。眠いと集中できませんから、「昼食後に2時間昼寝をしたい」と言ったことがありました。数日、続けさせたのですが、「ダメだ、これでは本番で同じ時間に寝てしまう！」となり、何としてでも昼食後に起きているように勉強のスケジュールを組み直しました。当日、何時に試験が始まり、昼食、そして、午後の試験が何時に始まるかなどを調べて、その通りに勉強するのが大切だと思います。特に夜型で勉強しているお子さんは、無理やりにでも生活スタイルを正しておかなくてはなりません。

この時期、1日のスケジュールは大きな紙に書いて貼り出していました。昼食、お風呂など日常生活の予定も落とし込んでおき、私も食事時間をきちんと守るように準備をしていました。

本番のことを想像して緊張したり、センター試験の成績が思うほど取れなかったからと不安になったりしても意味がありません。ただ毎日、目の前にあることをきちんとこなしていくことにだけ集中しましょう。「すべて予定通りにこなせた」という思いこそ、自信につながります。

試験当日は東大の門の前まで見送る

東大2次試験、いよいよ本番です。前日は東京ドームホテルに宿泊。センター試験の時同様、生ものの入っていない食事を部屋でとるようにします。

東大受験本番の朝は、生ものの入っていないコンビニのおにぎりを食べさせてから、東京ドームホテルから、東大の門まで一緒に行きます。地下鉄の時間を調べるなど、ルートは事前に入念にチェックしておきました。

18歳まで手元で見守って、希望の進路に送り込むのが私の仕事だと思ってやってきましたから、なんとも感慨深い朝となります。「もう18歳なんだからひとりで行けるでしょ」と言われればそうなんですが、途中で何が起きるかわかりませんし、私にとっても集大成の日です。子どもたちのサポーターとしてずっとやってきたわけですから、最後まで見届けるのが責任だと思っていましたし、私自身もそうしたかったのです。

その後は、ホテルに直帰します。お母さんにとっては自由時間ですから、あちこち買い物や観光に出る方もいらっしゃるとは思うのですが、私はホテルでじっとしていました。東大入試は翌日も続きます。出歩いて階段から落ちて捻挫でもしたら、子どもたちにも迷惑がかかってしまいます。その代わり、普段はできないパックをしたり、バスタブにお湯を張ってのんびりつかったり、読書をしたり。のびのびしながら、帰りを待ちました。

「そこまでするの⁉」というくらいにフォローするのが受験です。だって、一生に1度のことですから。失敗したら、再チャレンジは1年後。どうせだったら、1回で成功した方がいいですものね。

第7章　女の子の受験のポイント

～末っ子長女と母の二人三脚でわかったこと

高3の夏休みに大げんか！　勝手が違った娘の受験

長男、次男、三男が東大理三に合格したので、末っ子の長女の受験は最もスムーズにいったのではと思われる方もいるかもしれません。実は私も、東大理三の受験サポートも4回目だし、同じことを繰り返せばいいはずだから、きっとラクな受験になるだろうと密かに思っていました。息子たちの受験を通してある程度は合格のコツをつかんでいましたから。ところが、そう簡単にはいかなかったのです。

振り返れば、息子たちの受験と娘の場合とでは、我が家の環境に大きな違いがありました。娘が中3になる時に、三男が東大に進学。息子たちは3人とも東京暮らしになり、奈良の家にいる子どもは娘だけになりました。娘としては初めての一人っ子状態です。

私は、3人の息子たちの東大受験から学んだことをそのまま娘に活かそうとし、娘も素直に従ってくれていました。ところが、高3の夏休み、私と娘は大げんかをして、

2日間ほど口もきかなかったことがありました。

原因は通っていた大学受験塾・鉄緑会の夏期講習の受講についてでした。

私は娘に、夏期講習に行かず、自宅でひたすら東大模試の過去問を解くようにアドバイスをしました。なんといっても、電車に乗って奈良の自宅から大阪の塾まで行かなくてはならず、夏の暑い中、往復2時間はかかるので娘の体調が気になったのです。しかも、高3の夏休みの時点である程度学力がついていたので、夏期講習の授業を受ける「インプット」よりも、東大模試の問題を解く「アウトプット」の方がいいと確信していたこともありました。

3人の息子たちは、塾の夏期講習には行かず、自宅でひたすら東大模試の過去問を解いていました。娘は息子たちよりも体力がない上、高2の2月から高3の5月ぐらいまで体調を崩していたため、なおさら暑い夏の外出で疲れさせることは避けたいと思っていたのです。それなのに、娘は夏期講習に行きたいと頑固に主張し続けます。

さらには「ママは、3人には自分のやり方でたまたま成功したかもしれないけど、私も同じようにいくとは限らないのよ」と言うのです。この言葉を聞いた時には、さすがに私もカチンときました。私は、夏期講習に行ってヘトヘトになって帰ってくる娘の姿が想像できるから、心配して言っているのに。

今思えば、娘は体調が悪い時に学校も塾も長い間休んでいたので不安だったのかもしれません。でも、せっかく娘のことを思って言った私の気持ちが伝わらなかったのが悲しかっただけでなく、私のやり方を否定するような言い方をされたので、さすがに腹が立って、娘とは2日間、口をききませんでした。


2日間の冷戦の後、このままではマズイと思い、東京で一緒に住んでいた3人の息子たちに電話をかけて相談しました。兄たちは順番に妹と話し、「ママの言う通りにやって、僕たちはうまくいったよ。今は腹が立つかもしれないけど、ママの言うことを素直に聞いた方がいいよ」と言ってくれました。それだけではなく、妹の気持ちも考えて、私には「2日だけ夏期講習に行かせたら」と折衷案を提案してくれたのです。

結局、息子たちが提案した折衷案を私と娘が受け入れ、娘は2日だけ、鉄緑会の夏期講習を受講することにしました。私はカレンダーを出して、行きたい日に○をつけなさい、と二つ印をつけさせました。

考えてみれば、息子たちの受験では常に自宅に他のきょうだいがいたけれど、末っ子の娘は中3から子どもは自分だけ。長い夏休みは学校がないため、主人が帰宅するまでほぼ一日中私と2人きり。息抜きに外出したかったのかもしれませんね。

娘は夏期講習に行った2日間以外は、兄たちと同じように、ひたすら東大模試の過去問を解き続けました。

夏休みには駿台、河合塾、代ゼミの東大模試があります。実際の東大の入試の形式や傾向に沿って出題され、東大志望者が受験します。夏に3回、秋に3回あるこの東大模試も、娘で4人目なので、私にはA判定を取る方法がわかっていました。ですから、「娘がすべての東大模試でA判定を取る」というのが目標でした。

東大模試で点数を取れなければ本番の入試で得点できるわけがないし、東大模試でA判定を取ると本番でも自信を持って受験できます。そのため娘にも、東大模試の過去問集を購入したり、ネットで取り寄せたりしてA判定に向けて準備しました。

娘の東大模試の結果は、一番はじめに実施された模試は体調面でようやく間に合ったという感じでしたので2点足らずのB判定だったものの、それ以降の模試は全てA

判定を取ることができました。秋の東大模試では、夏休みに東大模試の過去問を解きまくったおかげで、成績優秀者に名を連ねることができました。

「ママの言うことを聞いて、死ぬほど東大模試の過去問をやってよかった〜」

と娘は笑顔で言っていました。私も「ほらね」と返しておきました。

女の子の受験は早め早めがコツ

娘は、兄たちと違ってテストの見直しも隅から隅まできっちり、時間をかけてやるタイプでした。一概にはいえませんが、男の子と女の子では様々な違いがあり、それを踏まえた上で受験に臨んだ方がうまくいくと思います。男の子3人と女の子1人を育てた経験からみなさんにアドバイスするとすれば、女の子の受験準備は「早め早め」が最重要ポイントだということです。

一番の理由は体力の差です。一般的に、男の子は受験勉強を最後まで頑張れる体力があって、後半にぐんと学力を伸ばす傾向にあります。我が家の息子たちも、部活を引退してから集中的に勉強し、学力を伸ばしていきました。そうしたやり方には体力が必要なので、そこまで体力に自信のない女の子は、男の子よりも早くスタートしてコツコツ頑張るのが得策です。

中学受験塾に通う時期は、小3の2月から3年間というご家庭が多いと思います。3人の息子たちも、小3の2月から浜学園に通い始めました。娘の場合、兄たちの様子を見ていて浜学園が相当面白いと思ったらしく、「早く私も通いたい」と言うので、兄たちよりも2年早めて、小1の2月から通わせました。その時は少し早いかなと思ったのですが、小6で男女の体力の違いに気づき、早めに入塾させてよかったと思ったものです。その経験を活かし、鉄緑会も長男は高1から、次男と三男は中3から通わせたのに対し、長女は中学入学と同時に通わせました。娘は中学時代に英数の2科目を受講し、高1から化学、高2からさらに物理も受講しました。

ここで、女の子の親御さんに気をつけていただきたいのは、女の子はどうしても生真面目にやる傾向が強いので、受験対策は早め早めが肝心ではありますが、その一方で頑張りすぎには注意してほしいということです。

前述したように、娘は体調を崩して学校を長く休んだ時期がありました。「無理はしないように」と言っていたのですが、高2の時には宿題をあまりにも真面目にやりすぎて、睡眠時間を削って勉強していました。そのせいなのかはわかりませんが、高2の2月頃に熱が出て、体調が悪くなりました。さらに3月の終わりの春休みには、首に小さなしこりができてしまい、母親としてかなり心配になりました。

すぐに病院に行ったところ、医師から「急性リンパ節炎が疑われるが、首を3㎝ほど切開して調べないと診断ができない」と言われたのです。首に傷ができるのは避けたいので、まず薬で症状を抑え、様子を見ることになりました。

診察室を出た後、偶然、病院内でママ友に会いました。娘の症状をお話ししたところ、なんとお子さんが何年か前に娘と同じ症状だったそうなのです。しかも、ゆっくりと休ませているうちに治ったというのです。

この話を聞いた私は、「娘の命が一番大事! 来春、受験できなくてもいいから、ゆっくりと休ませよう。首の切開はしないで、焦らずに治そう」と覚悟を決めたのです。

娘は高3の4月になってもほとんど学校には行かず、自宅でゆっくりと休みました。高3の受験生になって早々の長期欠席で、出鼻をくじかれた感じでしたが、「ゆっくり休ませて治す」ことを最優先にしました。こうして自宅で休ませているうちに、娘の体調は少しずつ良くなっていったのです。5月中旬には首のしこりも消えて、学校に行けるようになりました。

高3の夏休みの睡眠時間は、体力がある息子たちは7～8時間もあれば大丈夫でしたが、長女は病み上がりだということもあり、「絶対に無理はしないように」と言いきかせ、疲れている時には早く休ませました。このため、9～10時間も睡眠をとる日もありましたね。秋からは健康にいいといわれているヨーグルトや乳酸菌飲料を毎日とらせるなどして、体調管理にはとりわけ気をつけました。

長女はその後、体調も万全で、無事に現役合格しました。

高2の終わりに体調を崩し、高3になってから学校を1カ月半ほど休んだ時には、「娘の今年度の大学受験は無理かもしれない」と思いました。約3カ月間も体調不良が続いたのに現役合格できたのは、早め早めの通塾で学力をつけていたからだと思います。

受験生でも女の子らしさは大切にしてあげて

女の子が「身だしなみに気をつけたい」と言うことのためには、かなり時間がかかります。私は以前、受験期にはそのような、直接受験には関係のないことは捨てるべきではないかと思っていました。しかし、娘の受験に付き合いながら、ストレスの多い受験期を乗り越えるためには、そういう「女の子らしさ」を認めてあげることはかなり大事だなと思うようになりました。受験生でも親がほんの少し工夫してあげるだけで、そんなに時間もかけずモチベーションを上げられるものなのです。

女の子としての身だしなみと受験勉強を両立させた我が家の経験をお話ししましょう。

私自身は、子育てに忙しくてヘアケアに時間などかける余裕もありませんでしたし、息子たちも、シャンプーやリンスに特にこだわりはありませんでした。

しかし娘は、中学生、高校生の時には、セミロングヘアを大切に手入れしていました。我が家ではシャンプーやリンスは一般的なものを使っていましたが、娘は中3にもなると、「ネットで調べたシャンプーとリンスを使いたい」と言い始め、どうやら香りにこだわっているようでした。セミロングヘアだと、髪が風に揺れた時にシャンプーの香りがするためか、娘はいろいろなシャンプーやリンスを試して、香りや髪の手触りなどを楽しんでいました。だんだんと高価なものになっていきましたが、女の子が髪をきれいにしていたいという気持ちはよくわかるので、その気持ちを尊重し、新製品を次々と購入しました。

息子たちは、洗髪もして15分くらいの入浴時間。一方、娘はのんびりした性格で、かつ何事も丁寧にやるので、入浴に40分、ドライヤーで髪を乾かすのにさらに40分ほどかかっていました。楽しそうなので、高2まではまあいいかな、と思っていたのですが、高3になっても、ゆうゆうと入浴と髪を乾かすのに1時間20分ぐらいかけていたので、さすがに長すぎると注意しました。

受験までの持ち時間は男の子でも女の子でも同じで、その限られた時間をいかに無駄なく使うかが勝負となります。合否は持ち時間の過ごし方にかかっているのです。

そうなると、持ち時間の中で女子力を上げるための時間が長すぎるのは、大いに問題があります。

そこで、どうすれば、娘が美容に気を使いつつも勉強の時間を確保できるかを考えました。「髪をもっと短くすれば、洗うのも乾かすのも時間がかからない」とも考えましたが、娘がセミロングヘアを気に入っているのはわかっていたので、「髪を切りなさい」と言うのはやめて、娘の気持ちを優先することを重視しました。

そこで、時間短縮のため私が娘と一緒にお風呂に入り、髪を洗って乾かしてあげることに。業務用のドライヤーを購入し、高3の10月頃からは、私が髪を乾かしている間、娘は英単語や古文の単語をチェックしていました。娘は座っているだけで髪が乾くし、単語も再確認できるので大喜びでした。とりあえず、髪の問題はこれで解決したというわけです。きれいな髪と勉強時間の確保、この両立ができたということですね。

娘と一緒にお湯につかりながらいろいろな話もできて楽しかったです。背中も流してあげました。「そこまでしなくても……」と思う方もいるかもしれませんが、娘は

「洗ってもらうとラク～。気持ちいい。ありがとう」と感謝してくれました。

一緒に入浴して、髪と体を洗い、髪を乾かす日々は、東大入試が終わるまで続きました。子どもが4人もいてにぎやかだった我が家も、息子たちが進学で上京し、娘だけになっていたので、「もうすぐ娘もこの家を出ていくんだな」と少し感慨深い気持ちになりましたね。大学入試直前の娘とのバスタイムは、心に残る思い出です。

ただでさえストレスの多い受験期ですから、子どもがテンションを上げて勉強ができるようにサポートすることは大切です。特に女の子の場合、女の子らしさを尊重するのもそのひとつだと私は思います。娘のためにかわいいミニタオルを買ったり、近所においしいケーキ屋さんができたと聞けば、買いにいったりしました。受験勉強は、最終的には合否が出る日が待っていますから、その日に向けて努力し続けるのはなかなかつらいものがあります。勉強の邪魔にならず、ほんの少しでも気がラクになるのなら、親ができるサポートはぜひ何でもやってほしいと思います。

バイロンはイケメン！　世界史の勉強で女子トークも楽しんだ

大学受験の時、長男は自分で勉強の計画を立てて、自分で実行していましたが、次男、三男、長女の時には私が横にいて、サポートしました。そんな我が家では、センター試験だけで使う「社会」の勉強を始めるのは、基本的に12月1日からでした。

長男と次男は現代社会で受験しましたが、その後、東大は現代社会では受験できなくなったため、三男は世界史を選びました。三男が各国の歴史を楽しく勉強していた上、使っていた参考書などの資料もたくさんあったため、長女も世界史で受験することにしました。

世界史の人名、地名はカタカナが多く、しかも聞いたことのないものばかりでなかなか覚えられません。そこで、人名や芸術作品名、遺跡名などが出てきた時には、スマホで調べることにしました。教科書や参考書に出ていないエピソードなどもあって、楽しく勉強できます。それに、資料にない写真もたくさん出てきますので記憶に残りやすいのです。

三男と世界史の勉強をしていた時には、歴史上の人物の写真で盛り上がることはありませんでしたが、長女の時には、「イギリスの詩人・バイロンはすごいイケメンだね」などと、女同士だからこそのトークが盛り上がることも。「美男美女はやはり目の保養になって癒やされるわ〜」と言いながら楽しむことができました。お子さんが女の子なら、日本史や世界史の勉強の時に、一緒に顔写真なども調べてみると、意外と楽しく勉強できると思います。

長女と一緒に勉強したのは、主に世界史と国語です。子どもたちはどうしても経験値が低いので、理解に苦しんでいる現代文の内容を説明してあげたことがあります。また、古文と漢文は、長女が原文を読んでいる横で、同時に現代語訳を読みました。もともとは、英語が苦手な次男が東大の英語の過去問で手間取っていた時に、横で日本語訳を読んであげたのが始まりです。英語の最後の文章の問題はかなり長いため、見直すのに時間がかかっていました。その様子を見て、「ママが同時通訳するね」と言って、次男が黙読するスピードに合わせて、日本語訳を読みました。「もっと早く」とか「もっとゆっくり」と言ってもらううちに、次男が読むスピードをつかめるようになりました。
同時に訳文を読むのは、古文や漢文にも応用できます。長女は英語が得意だったため、古文と漢文だけ同時通訳をしました。一人で黙読していると、わからない単語でつまってしまうことがありますが、私が訳文を読むと、「この単語はそういう意味だったのか」とその場でわかり、効率よく勉強することができます。訳文を読むだけですから、親が英語や古文、漢文が得意である必要はありません。お子さんが英語、古文、漢文が苦手な場合には、ぜひこの方法を試してみてください。

三男一女の受験の経験を通してわかったのは、勉強でも子どもの個性を大切にした方がいいということです。上の子でうまくいったやり方をそのまま下の子にあてはめてうまくいくとは限りません。同じ教科でも、それぞれの子どもに合わせてその子が本当に楽しく学んでいける方法を見つけて、サポートするのが親の役割だと思います。女の子の受験ではぜひ、お母さんは娘さんと女同士だからできる会話を楽しんでほしいですね。

長女合格！　その瞬間に感じたこと

長女の東大の合格発表日には、私と4人の子どもたちで東大に見にいきました。合格者の受験番号が書かれた掲示板の前には長い列ができていて、発表の時間になると列が動き始めます。掲示板での発表と同時にインターネット上でも発表になるのですが、長女は、「インターネットではなく、自分の目で合否を確認したい」と言っていたので、みんなで東大まで見にいくことにしました。

手前から文一、文二、文三、理一、理二、理三の順番に掲示板が並んでいますので、理三は入り口から一番遠くにあることになります。合格者の番号が書かれた掲示板は見えるけど、番号そのものは遠すぎて見えない。あの向こうにある掲示板には、はたして娘の番号があるのか、歩きながら心臓が止まりそうです。ちょうど文二の前あたりに来た時に、息子のうちのひとりが、私にこっそりと長女の番号が出ているスマホを見せてくれました。どうやら、ネットの方で調べていたらしいのです。その番号を見た時には、本当にほっとしましたね。

合格がわかったけれど、私はもちろん、息子たちも、そのことを長女には言いませんでした。私と3人の息子たちは、全員ポーカーフェース。

ついに列が理三の掲示板の前に来て、長女が自分の目で自分の番号を確認。合格がわかった時には涙をポロポロこぼしていました。私も、数分前にわかっていたものの、やはり掲示板の番号を見た時には、なんとも言えないほっとした気持ち、娘の頑張りがむくわれて良かったという気持ち、娘もこれからは自分の道を歩いていくのかという気持ちや、我が家の受験が全て終わり、私の長い子育てもとうとう終わりなんだという気持ちなど、なんだかいろんな思いが私の頭の中をぐるぐる駆けめぐりました。喜ぶ娘を見て私もじわっと涙が出てきました。娘には「良かったね。今までよく頑張ったね」と声をかけました。

中学に入学した時から東大理三を目指し、3人の兄たちが東大理三というプレッシャーがあるなか、本当によく頑張ったと思います。高2の終わりに長女が体調を崩した時には「来春、受験できなくてもいいから、ゆっくりと休んで元気になってほしい」とまで思いましたから、掲示板を目の前にして、感慨深いものがありましたね。

高3の1年間を振り返って、初めの1カ月半ほどは学校を休んだこと、夏休みに塾の夏期講習に行くかどうかで大げんかしたこと、秋からは一緒にお風呂に入って娘の髪と体を洗い、髪を乾かしてあげたことなどを次々と思い出して、胸がいっぱいになりました。


掲示板の前に4人の子どもたちが笑顔で並び、私が記念撮影をしました。長男を授かった時に、「18歳まで、勉強を全力でサポートしよう」と決心してから約26年間、子どもたち全員のサポートをずっと続けてきました。ですから、「4人とも志望する大学に行けて、本当によかった」と心からほっとしました。

4人で記念撮影をしたら、息子たちはすーっといなくなりました。マスコミが来ていたからだと思います。その後、娘と私とで取材を受けました。

現在、長女は医学生として医学の勉強に励む一方、水泳部の活動にも打ち込んでいて、週に4~5日も泳いでいるようです。

大学に合格するまでは私がサポートしましたが、これからはそれぞれの子どもたちが自ら考えながら、幸せな人生を歩んでいってほしいと願っています。

【特別コラム】末っ子長女からのメッセージ

私が中学に進学する時に、上の兄2人が東大に進学しました。両親と兄たちと6人で暮らしていた時には、毎日がにぎやかで日々の家族との会話や食事などが楽しかったことをよく覚えています。幼い時に両親から絵本の読み聞かせをしてもらったり、童謡を歌ってもらったり、家族でトランプをしたりしたことや、家族で旅行したことなどはいい思い出です。

公文に通い始めてから大学受験まで、いつも母が勉強の準備や採点などをしてくれたので、私は問題を解くだけでした。中3になる時に四つ上の兄が東大に進学して、実家に子どもは私だけになりましたが、母がいつもそばにいてくれたので、それほど寂しさを感じることはありませんでした。

母はいろいろと勉強のサポートをしてくれましたが、その中でも古文と漢文の同時通訳はありがたかったです。私が古文や漢文を黙読するスピードに合わせて、母が現代語訳を読んでくれたので、わからない単語の意味も耳からすっと入ってきて効率よく勉強できました。ただ訳文を読むだけですので、もし親御さんにお時間があれば、お子さんが英語や古文、漢文の勉強をしている時に、ぜひ同時通訳をしてあげるといいと思います。

奈良にいた日々を思い出すと、「幸せな18年間だった」と母には感謝の気持ちでいっぱいです。上京してからは四つ上の兄と一緒に生活しています。離れて暮らしてみると、あらためて母の偉大さがわかります。

特に3人の兄たちが灘校に通っていた3年間は、朝4時半に起きてお弁当を作っていました。夕方になると、私を小学校まで車で迎えに来てそのまま塾に送ってくれました。その後、母は最寄り駅に止めた車の中で仮眠しながら兄たちの帰りを待ち、ピストン輸送で兄たちを自宅に送っていました。「私たち子どものために、母は本当に頑張ってくれていたんだなぁ」と思います。

きっと母も心や体がしんどい時もあったと思うのですが、いつも明るくて元気だったのが本当にすごいと思います。私たちが朝出かける時には、必ず笑顔で「いってらっしゃい」と送り出してくれたので、私も明るい気持ちになれました。

現在、母は講演などで忙しくさせていただいているのですが、東京で仕事がある時は私たちのマンションに泊まります。時間がある時にはごはんを作ってくれるのでありがたいです。たまたまテスト期間中だとラッキーですね（笑）。奈良にいた時、冬には家族で手羽先が入った鍋をよく食べていましたが、今もときどき母と兄（三男）との3人で懐かしい味を楽しんでいます。

大学では医学部の水泳部に所属して、週4～5日泳いでいます。2019年の夏に行われた東医体（東日本医科学生総合体育大会）には両親が見にきてくれました。初めてリレーでメダルをとったり個人入賞したりしたのですが、ふたりともとても喜んでくれてうれしかったです。

大学の講義、バイトや部活のほか、テスト勉強もしなくてはなりませんし、家事もやらなくてはいけないので毎日忙しいですね。大学受験前は睡眠や食事、入浴、トイレの時間以外のすべての時間を勉強に費やしていました。今振り返ると、若くて元気で、目標に向かってがむしゃらに頑張っていた受験期の自分がうらやましいくらいです。「もう一度やるのはちょっと……」とは思いますが（笑）。

受験生の皆さんの周りにはいろいろ言う人がいるかもしれませんが、計画を立てることで不安はずいぶん軽減されるはずです。自分に足りないものは何なのかを冷静に分析しましょう。入試本番までの時間を考慮して短期的な目標を設定したら、後は先のことは考えず、目の前のことに集中してやり抜くだけです。

「受かりそうにない」と言われた大学に合格する人たちはたくさんいます。もちろん自分の実力と目標をすり合わせることも大事ですが、失うもののない18歳のうちに勝負をかけてもいいと思います。多くの人にとって大学受験は勉強だけに集中できる最後のチャンスです。全力で頑張ってください。

末っ子長女の大学の合格発表の様子。「よく頑張ったね」と
声をかけ、母娘で抱き合いました（撮影・加藤夏子）

おわりに

今は、日本全国で講演会をさせていただいておりますが、どこにお住まいでも、親御さんの悩みは共通しています。一見、様々なのですが、よく整理してみると「勉強しない」「点数が取れない」の二つのことに集約できます。勉強の悩みはこの二つのことが解決すれば全て消えますね。でも、それがなかなか難しいのですけど。

では、この二つの悩みを解決するにはどうしたらいいのでしょうか。根本にある原因は、「基礎学力の欠如」「スマホ、ゲームの扱い方」ですね。両方とも子ども自身の意識を高めるというようなことでは全く解決しません。

「スマホ、ゲーム」に関しては、どの親も困っていて、「使い方のルールは決めています。でも、守らないのでいつも親子でけんかになります」と口をそろえておっしゃいます。そもそも、子どもが親の決めたルールを守るのなら子育てで悩むことは何もなく、親はラクですよね。ルールを守らないのが、子どもという生き物なのです。スマホとゲームは依存させてしまうような性質を持っていることも考慮に入れるべきです。今や、「スマホ依存症」は、治療しなければならない病気とされていますから、親の力強い愛情なくしては治りません。子どもという生き物を、自分の子どもの頃を参考にしながら、とことん観察して性質を見極めることです。

「基礎学力」に関しては、苦手な科目について、「なぜ、この子はこの問題ができないのか?」と子どもと一緒に追求する必要があります。ものすごく面倒なことですが、その作業なしでは、悩みから抜け出せません。しかも、子ども一人では当然できませんから、親の手助けが大切です。

子育ては手間がかかるものだと覚悟を決められるかが勝負の分かれ目です。確かに、働いているお母さんも最近は多いのですが、今頑張っている仕事がずっと先の未来で役立つためには、やはり各自が目の前の我が子をきちんと育てて、その子どもたちに引き継いでもらわないといけませんよね。テストの点数や成績の順位のみにとらわれないで、子どもの目をしっかりと見て、解決方法を考えてください。前に進む方法はそれしかありません。

子育てをしているうちに親自身が身につけた、「思考方法」「方法論」「精神力」は、仕事にも大いに役立ちます。子育ても仕事も、「成果を上げる」ということで共通していますから。子育てに使う時間を輝くものにするために、この本の内容がお役に立てたらうれしいです。

この本を出版するにあたり、いつも私を応援してくださる週刊朝日の鎌田倫子さんと私のことをよく理解してくださるライターの庄村敦子さんに、この場をお借りして心よりお礼を申し上げます。

２０２０年１月

佐藤亮子

本書は、単行本『受験は母親が9割 灘→東大理Ⅲに3兄弟が合格！』（朝日新聞出版）を増補、改訂した新書です。

イラスト・江口修平
図版・谷口正孝
取材、編集協力・庄村敦子
校閲・朝日新聞総合サービス出版校閲部
（志保井里奈、野口高峰／宅美公美子）

佐藤亮子　さとう・りょうこ
奈良県在住。大分県で高校まで過ごし、津田塾大学へ進学。卒業後、大分県内の私立高校で英語教師として２年間教壇に立つ。その後、結婚。以降は専業主婦。長男、次男、三男、長女の順で３男１女を出産した。３兄弟は、難関私立の灘中・高等学校（神戸市）、長女は洛南高等学校附属中、洛南高等学校（京都市）に進学。大学受験では４人とも東京大学理科三類（通称「東大理三」）に合格した。４人の子ども全員が東大理三に合格するのは稀なケースで、その子育て法と受験テクニックに注目が集まる。著書に『三男一女東大理Ⅲ合格！　佐藤ママの子育てバイブル　学びの黄金ルール42』（朝日新聞出版）など多数。子育てが一段落した現在、進学塾の浜学園のアドバイザーを務めながら、全国で講演活動を展開している。

朝日新書
752
決定版《けっていばん》・受験《じゅけん》は母親《ははおや》が９割《わり》
佐藤ママ流の新入試対策

2020年２月28日第１刷発行
2024年９月30日第３刷発行

著　者　佐藤亮子

発行者　宇都宮健太朗
カバーデザイン　アンスガー・フォルマー　田嶋佳子
印刷所　TOPPANクロレ株式会社
発行所　朝日新聞出版
〒104-8011　東京都中央区築地5-3-2
電話　03-5541-8832（編集）
　　　03-5540-7793（販売）

Published in Japan by Asahi Shimbun Publications Inc.
ISBN 978-4-02-295055-0
定価はカバーに表示してあります。
落丁・乱丁の場合は弊社業務部(電話03-5540-7800)へご連絡ください。
送料弊社負担にてお取り替えいたします。

朝日新書

一行でわかる名著

齋藤 孝

一行「でも」わかるのではない。一行「だから」わかる。『百年の孤独』『悲しき熱帯』『カラマーゾフの兄弟』『老子』——どんな大作も、神が宿る核心的な「一行」をおさえればぐっと理解は楽になる。魂への響き方が違う。究極の読書案内&知的鍛錬術。

日本中世への招待

呉座勇一

中世は決して戦ばかりではない。庶民や貴族、武士の結婚や離婚、病気や葬儀に遺産相続、教育は、中世の日本でどのように行われてきたのか？ その他、年始の挨拶やお中元、引っ越しから旅行まで、中世日本人の生活や習慣を詳細に読み解く。

簡易生活のすすめ
明治にストレスフリーな最高の生き方があった！

山下泰平

明治時代に、究極のシンプルライフがあった！ 簡易生活とは、根性論や精神論などの旧来の習慣を打破し効率的な生活を送ろうというもの。無駄な付き合いや虚飾が排除され、個人の能力は最大限に発揮される。おかしくて役に立つ教養的自己啓発書。

スマホ依存から脳を守る

中山秀紀

スマホが依存物であることを知っていますか？ 大人も子どもも知らないうちにつきあい、知らないうちに依存症に罹るのがこの病の恐ろしさ。国立病院機構久里浜医療センター精神科医が警告する、ゲーム障害を中心にしたスマホ依存症の正体。

決定版・受験は母親が9割
佐藤ママ流の新入試対策

佐藤亮子

共通テストをめぐる混乱など変化する大学入試にこそ「佐藤ママ」メソッドが利く！ 読解力向上の秘訣など新時代を勝ち抜くカギを、4人の子ども全員が東大理Ⅲ合格の佐藤ママが教えます。ベストセラー『受験は母親が9割』を大幅増補。

ひとりメシ超入門

東海林さだお

ラーメンも炒飯も「段取り」あってこそうまい。ショージさんが半世紀以上の研究から編み出した「ひとりメシ十則」を初公開！ ひとりメシを楽しめれば、人生充実は間違いなし。『ひとりメシの極意』に続く第2弾。南伸坊さんとの対談も収録。